KB188223

성품
훈계법

아이의 미래를 바꾸는

성품훈계법

개정판 1쇄 2018년 7월 12일
2쇄 2018년 12월 4일
3쇄 2019년 7월 22일
4쇄 2023년 3월 15일

지은이 이영숙
펴낸이 김희종

책임편집 좋은나무성품학교 기획출판팀
디자인 윤지은

펴낸곳 LYS좋은나무성품학교
등록번호 제2016-000074호
등록일자 2016년 6월 16일
주소 서울시 송파구 백제고분로 187
전화 1577-3828
전자우편 goodtree@goodtree.or.kr
홈페이지 www.goodtree.or.kr

페이스북 · characterlee

ISBN 979-11-6326-011-0

◇◇◇◇ 아이의 미래를 바꾸는 ◇◇◇◇

성품 훈계법

이영숙 지음

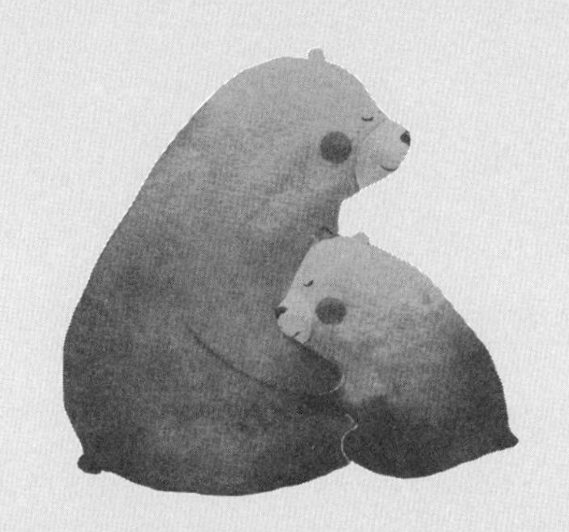

LYS좋은나무성품학교

Contents

추천의 글 — 6
시작하는 글 — 7
부모를 위한 시 — 9

chapter 01 행동 뒤에 숨겨져 있는 아이의 마음

1 잘못된 훈계는 자녀에게 평생 상처가 됩니다 — 13
2 방송에서 만난 아이들의 '진짜 마음' — 19
3 성품훈계법으로 달라진 수많은 아이들 — 43

chapter 02 자녀란 누구입니까?

1 아이에게 가르쳐야 할 미래역량은? — 55
2 가장 귀한 선물, 자녀 — 61
3 다니엘 같은 자녀를 꿈꾼다면 — 66

chapter 03 성품훈계란 무엇입니까?

1 성품훈계란? — 81
2 훈계는 왜 해야 할까요? — 83
3 훈계는 왜 중요할까요? — 88

chapter 04 성품훈계의 구체적 기술

1 성경에서 말하는 자녀훈계법 — 97
2 올바르게 자녀를 훈계하는 방법 — 109
3 훈계의 3단계를 아시나요? — 114

chapter 05 교정과 보상이란?

1 교정이란 무엇일까요? — 121
2 보상이란 무엇일까요? — 144

chapter 06 기질에 따른 성품훈계법

1 기질에 따른 자녀 훈계법 — 153
2 인간의 네 가지 기질 — 157
3 나와 아이의 기질 알아보기 - 기질질문표 — 163
4 기질에 따라 다르게 하는 자녀양육법 — 170

chapter 07 좋은 성품을 키우는 성품훈계법

1 제멋대로인 아이, 순종하는 아이로 키우는 성품훈계법 I — 179
2 불평하는 아이, 감사하는 아이로 키우는 성품훈계법 — 197
3 불친절한 아이, 긍정적인 아이로 키우는 성품훈계법 — 211
4 거짓말하는 아이, 정직한 아이로 키우는 성품훈계법 — 226
5 이기적인 아이, 배려하는 아이로 키우는 성품훈계법 — 235
6 폭발하는 아이, 절제하는 아이로 키우는 성품훈계법 — 244
7 집중하지 않는 아이, 경청하는 아이로 키우는 성품훈계법 — 254
8 반항하는 아이, 순종하는 아이로 키우는 성품훈계법 II — 265

chapter 08 부모도 아이도 행복한 성품훈계법

1 효과적인 버릇 지도법 — 281
2 성서적 훈계의 10계명 — 293
3 자녀와 좋은 관계를 맺는 방법 — 297
4 잠깐만! 훈계하기 전에 질문해 보세요 — 302
5 1분 훈계법 — 305

chapter 09 이영숙 박사와 함께하는 자녀교육 상담 Q&A

1 좋은 성품으로 달라지는 아이와 부모 — 311

참고문헌 — 344
맺는 글 — 347

추천의 글

21세기 디지털 세상은 우리의 환경을 많이 바꾸고 있습니다. 전에 없었던 커뮤니케이션의 편리한 행복을 누리게 되었습니다. 그러나 이상하게도 오히려 현대인들은 사랑에 더 목말라하고 있습니다. 이혼은 급증하고 이 땅의 청소년 교육은 최대의 위기를 맞고 있습니다. 가정의 붕괴를 걱정하는 절규마저 터져 나오고 있습니다.

이런 시대에서 가정을 갖고 자녀를 양육한다는 것은 결코 쉬운 과제가 아닙니다. 이런 시대를 읽어 필요에 응답함은 우리 사회와 교회의 새로운 미션입니다. 이런 때를 위하여 주님께서 이영숙 교수를 준비하신 것은 축복입니다.

저는 이 책이 새 시대의 가정을 위한 양육의 교과서가 될 것을 기대합니다. 이 책은 성경의 변할 수 없는 진리의 기초 위에서 썼습니다. 그러나 이 책 안에는 가장 현대적인 자녀양육의 지혜가 숨 쉬고 있습니다. 성경을 열고 이 책을 읽는 모든 가정에 행복의 영이 임하실 것입니다. 그리고 이 책을 읽는 모든 독자와 가정 회복의 미래를 꿈꾸고 싶습니다.

함께 이 땅의 가정들을 생각하는
이동원(지구촌교회 원로 목사)

아이의 미래를 바꾸는 성품훈계법

그동안 큰 사랑을 받은 《성품 좋은 아이로 키우는 자녀훈계법(이영숙 저, 두란노)》을 《아이의 미래를 바꾸는 성품훈계법》으로 새롭게 펴내게 되어 매우 기쁩니다.

특별히 새로 개정한 '성품훈계법'에는 SBS '우리 아이가 달라졌어요'와 MBC '꾸러기 식사교실'에서 훈계전문가로 활동하면서 성품훈계법의 효과를 검증한 연구 사례들을 담았습니다.

오랫동안 진행해 온 '성품훈계학교'에서 변화된 아이와 부모들의 이야기도 실었습니다. 아이들의 행동 뒤에 숨겨진 진짜 마음을 발견하고, 그 마음이 성품훈계법으로 서서히 변화되는 과정을 함께 느껴 보시길 바랍니다. 여러분의 가정도 성품훈계법으로 충분히 변할 수 있다는 희망을 갖게 될 것입니다.

우리 아이들이 살아갈 미래 사회를 '4차 산업혁명 시대'라고 말합니다. 기계와 공존하며 살아갈 아이들의 인생은 현 부모세대보다 더 많은 갈등과 혼란을 겪을 것이라고 예상합니다.

성품훈계법은 4차 산업시대를 살아갈 아이들의 갈등과 혼란을 최소화하고, 아이들에게 미래를 개척할 힘과 용기를 줄 수 있는 '미래형 훈계법'입니다. 성품훈계법은 아이들의 잘못을 지적하고 벌하는 징벌이 아니며, 아이 스스로 변하게 만드는 사랑의 훈계법이기 때문입니다.

큰소리치지 않으면서 자녀와 소통할 수 있는 성품훈계법으로, 우리 아이들에게 미래를 살아갈 '좋은 생각·좋은 감정·좋은 행동'을 가르쳐주세요. 이 책에 담긴 지혜와 노하우를 통해 우리 아이를 '미래인재'로 키우시길 바랍니다.

더불어 많은 부모와 교사들이 이 책과 함께 자신의 훈계법을 점검하고 바꾸어 가는 '지혜의 길'을 걷게 되길 바랍니다. 성품훈계법의 핵심과 사례별 방법을 따라가면 아이뿐만 아니라, 한층 더 성숙해져 있는 우리의 모습을 만나게 될 것입니다.

더 행복한 삶, 더 나은 성품을 향한 당신의 첫걸음을 진심으로 응원합니다.

2018년 7월
이영숙

만일 내가 다시 아이를 키운다면

_다이아나 루먼스

만일 내가 다시 아이를 키운다면
먼저 아이의 자존심을 세워 주고,
집은 나중에 세우리라.
아이와 손가락 그림을 더 많이 그리고,
손가락으로 명령하는 일은 덜 하리라.
아이를 바로잡으려고 덜 노력하고,
아이와 하나가 되려고 더 많이 노력하리라.
시계에서 눈을 떼고,
눈으로 아이를 더 많이 바라보리라.

만일 내가 다시 아이를 키운다면
더 많이 아는 데 관심 갖지 않고,
더 많이 관심 갖는 법을 배우리라.
자전거도 더 많이 타고,
연도 더 많이 날리리라.
들판을 더 많이 뛰어다니고,
별들을 더 오래 바라보리라.
더 많이 껴안고 더 적게 다투리라.
도토리 속의 떡갈나무를 더 자주 보리라.
덜 단호하고 더 많이 긍정하리라.
힘을 사랑하는 사람으로 보이지 않고,
사랑의 힘을 가진 사람으로 보이리라.

chapter 01

행동 뒤에 숨겨져 있는 아이의 마음

1

잘못된 훈계는 자녀에게 평생 상처가 됩니다

"너 다음에 또 그러면 100대 맞을 줄 알아."

남편의 불호령이 큰아들에게 떨어졌습니다.

제 가슴이 철렁 내려 앉아버립니다. 남편의 저 말이 진짜 그렇게 한다는 말인 것을 알고 있기 때문입니다. 남편은 심지가 곧고 순전한 사람입니다. 하나님의 말씀이라면 일점일획도 변하지 않고 그대로 지키려고 애쓰는 그런 사람입니다. 그래서 그 남편과 결혼했는지도 모르지요.

그런데 문제가 생겼습니다.

아버지가 되자 아이를 어떻게 돌봐야 하는지 너무 모르는 것입니다. 남편은 아이의 연약함이나 실수가 보일 때도 가차 없이 때리고 맙니다.

자신이 경험한 아버지의 모습이 자녀에게 그대로 나타납니다. 꼭 그렇게 때려야 하느냐고 묻는 저의 질문에 남편은 거침없이 잠언 말씀에 나오는 "매를 아끼는 자는 그의 자식을 미워함이라 자식을 사랑하는 자는 근실히 징계하느니라"(잠 13:24)부터 시작해서 부모가 매를 드는 것이 사랑이라고 말하고 있는 모든 성경 구절을 줄줄이 엮어내고 맙니다. 박식한 남편의 성경 실력에 애당초 주눅이 들어버린 교육을 전공한 엄마는 마음을 쓸어내리며 참아봅니다.

결혼하기 전 자녀교육에 대해서 서로 약속한 일이 있었습니다. 서로 다른 배우자가 자녀를 훈육할 때 상대방 배우자는 그 일에 참견하지 않기로 한 것입니다. 자녀의 버릇이 나빠질까봐 약속한 것인데, 자녀를 낳아 키우면서 얼마나 큰 실수를 했는지 차츰 알게 되었습니다. 아이를 모질게 다루는 아빠를 옆에서 보고만 있어야 하는 무력함이 엄마인 제게 큰 상처가 되었습니다.

드디어 우리 집에 잊지 못할 사건이 생겼습니다. 큰아들에게 약속한 대로 남편은 매를 들기 시작했습니다. 엄마인 저를 나가게 한 후 안방 문을 잠그고 남편은 엄청난 매를 들어 아들을 때리기 시작했습니다. 남편은 약속한 대로 100대를 때린다는 사실을 아는 저는 가슴이 저미는 아픔으로 부엌바닥에 엎드려 아이의 비명소리와 함께 울음으로 하나님께 부르짖었습니다.

"정말 이렇게 하는 것이 주님의 마음입니까? 꼭 자식을 사랑하는 부모는 자녀

를 이렇게 때리는 것이 주님의 훈계 방법입니까?"

그런데 이 일은 우리 가정에 큰 변화를 가져오는 아주 큰 사건이 되어 버렸습니다.

큰아들이 고등학교 2학년 때였습니다.

어느 날, 남편에게 아이가 말합니다.

"아빠, 전 그때 아빠가 나를 죽이려 한다는 생각이 들었어요. 그리고 이 다음에 내가 크면 복수를 하겠다고 생각했어요. 그때 아빠의 얼굴은 정상이 아닌 것 같았어요. 그런데 크면서 아빠를 많이 생각했어요. 아빠는 제가 이 세상에서 가장 존경하는 사람인데, 어떤 때는 아빠가 이상하게 변해요. 이성을 잃어버리는 것 같아요. 다른 사람들이 그런 아빠를 보면 오해하게 될 거예요. 난 아빠를 알아서 이해하는데 다른 사람들은 아빠를 모르니까 그런 아빠의 모습을 보면 아빠를 인격적으로 이상한 사람이라고 생각할 것 같아 싫어요."

이 말에 남편은 큰 충격을 받았습니다. 남편은 고민했고 그렇게 오랜 시간이 흐른 뒤 아이에게 용서를 빌었습니다.

"미안하다. 그동안 아빠가 아버지 역할을 잘 못했어. 어떻게 하는 게 좋은 아버지인지 몰라서 그냥 할아버지가 아빠에게 한 대로 하면 되는 줄 알았어. 이제야 그것이 잘못이란 걸 깨달았다."

그런데 바로 그날 큰아들은 저에게도 비수 같은 말을 던졌습니다.

"엄마, 엄마는 아빠라는 사람이 자식을 100대씩 때리는 날 어디에 계셨어요. 왜 아들을 보호해주지 않았어요."

저도 눈물을 흘리며 아이에게 용서를 구했습니다.

"미안하다. 엄마도 네가 첫아이라 어떻게 양육해야 하는지 몰랐어. 그래서 네게 많은 상처를 주게 된 것 같아. 엄마는 그날 밖에서 너와 함께 울면서 부엌 바닥에서 기도하고 있었어. 그리고 하나님께 여쭙고 있었단다. 정말 이렇게 때리는 것이 하나님 아버지의 마음인지, 어떻게 가르치고 키우는 것이 하나님의 방법인지…. 엄마, 아빠가 너무 몰랐어. 처음으로 부모가 되어서 그럴 거야. 엄마를 용서해 줘."

그날 이후, 우리는 참으로 용서를 구하고 용서해 주는 부모와 자녀가 되었습니다. 온 가족이 아주 친밀한 관계를 맺어 친구처럼 지내고 있지요. 이제 우리 가정은 훈계가 무엇인지 알게 되었습니다. 그것은 하나님 아버지의 마음이었습니다.

하나님은 우리를 칭찬으로 가르치고 계시는 분이십니다(잠 27:21).

하나님은 우리의 실수와 연약함을 기다리고 인내하시는 분이십니다(렘 15:15, 롬 3:25).

하나님은 우리를 사랑하기 때문에 매를 드시면서도 사랑을 표현하시는 분이십니다(삼하 7:14).

하나님은 우리를 보상하시면서 격려하시는 분이십니다(시 138:8).

하나님은 우리의 체질을 아시고 기질대로 가르치고 키우십니다(시 103:14).

하나님은 우리를 끝까지 포기하지 않으시고 우리에 대한 소망의 계획을 세우시는 분이십니다(요 13:1).

우리 가정 외에도 잘못된 훈계로 어려움을 겪은 분들을 많이 만났습니다. 그 중 40대의 한 여인을 상담한 적이 있습니다. 그녀는 이상하게도 좁은 공간으로만 가면 가슴이 답답하고 정신을 잃기도 하는 이상한 병으로 많은 고통을 겪고 있었습니다. 병원에서는 '폐쇄공포증'이라는 병명을 이야기했고 그 원인을 찾아보라고 했다고 합니다. 그러나 그 여인은 아무리 생각해도 그 원인을 알 수 없었습니다.

그래서 저는 상담 중에 하나님께 그 원인을 가르쳐 달라고 요청하자고 제안을 했습니다. 우리는 함께 무릎을 꿇고 "하나님, 김 집사님이 좁은 곳만 가면 정신을 잃는 어려움을 겪고 있습니다. 우리는 그 원인을 알 수 없습니다. 왜 그런지 이유를 알게 해 주시고 치유해 주십시오"라고 말하며 간절히 기도했습니다.

그때 갑자기 집사님이 어떤 기억이 생각난다고 말했습니다. 7세 때 엄마가 아이를 골방에 가두어 방문을 걸어 잠그며 아이에게 다가오며 무섭게 이야기했습니다. "너 오늘 한번 죽어 봐라. 오늘 너 죽고 나 죽자" 아이는 무서움에 질려 정신을 잃을 정도였고 그날 엄마는 사정없이 어린 딸을 내리쳤습니다.

이때의 두려움과 아픔이 이 어린아이에게는 상처가 되어 가슴에 남아 있게 되었고, 어른이 되어서도 두려움은 사라지지 않고 좁은 공간만 가면 어려움을 겪는 병에 시달리게 된 것입니다.

이처럼 잘못된 훈계는 자녀에게 평생 상처가 됩니다. 상담을 하다 보면 어린 시절 부모에게서 받은 잘못된 훈계가 평생의 상처가 되어 잘못된 자아상을 갖게 되고 불행한 결과를 가져다주는 사례를 많이 볼 수 있습니다. 사실 모든 부모들은 자녀를 사랑하기에 훈계를 합니다. 그러나 어떤 훈계는 자녀에게 사랑의 빛으로 다가서지 못하고 아픔을 주는 상처로 남게 되어 부모 자녀 관계를 깨뜨리는 원인이 됩니다.

그러면 어떻게 해야 할까요? 도대체 훈계란 무엇일까요?

성품훈계란 '자녀가 좋은 성품으로 성장하도록 부모와 교사가 좋은 성품으로 가르치고 수정하고 훈련시키는 것'(이영숙, 2005)입니다.

자녀가 좋은 성품을 키워 성공하는 삶을 살 수 있도록 가르치고 교정하고 훈련하는 부모로서의 노력인 것이지요. 그렇기 때문에 훈계는 자녀를 사랑하는 마음이 기본이 되어야 하고 원한이나 복수심이나 분풀이로 부모의 화를 분출하는 기회가 되지 않도록 유의해야합니다.

오직 자녀를 사랑하는 마음으로 자녀의 유익을 위하여 훈계해야 하며, 자녀를 잘못된 것으로부터 보호하고, 자녀에게 세상 살아가는 지혜를 주어 바르게 성장하도록 돕기 위한 배움의 기회가 되도록 훈계해야 합니다.

2

방송에서 만난 아이들의 '진짜 마음'

필자는 SBS '우리 아이가 달라졌어요'와 MBC '꾸러기 식사교실'이라는 프로그램에 훈계 전문가로 출연했습니다. 밥을 안 먹거나, 심하게 편식을 하는 등 식습관에 문제가 있으면서 문제행동을 일으키는 아이들을 찾아가 원인을 찾고 해결책을 제시하여, 아이들의 식습관과 지나치게 떼를 쓰거나 폭력적인 문제행동을 바꾸어 주는 훈계 전문가의 역할을 해야 했지요.

제가 만난 아이들 중에 가장 기억에 남는 아이들이 있습니다. 처음에는 단순히 밥투정이 심한 아이, 까다로운 아이로 보였지만 관찰할수록 아이의 행동에는 숨겨진 '진짜 마음'이 있었습니다. 사실 아이들이 겉으로 표현하는 행동은 내면의 심리를 보여주는 것이지요.

이 장에서는 SBS '우리 아이가 달라졌어요'와 MBC '꾸러기 식사교실'에 출연하여 진행한 프로젝트 중에서 방송에 다 나오지 않은 비하인드 스토리를 소개합니다. 성품훈계를 통해 아이들이 변화한 기적의 현장으로 안내합니다.

첫 번째 만남
지나친 회초리의 후유증을 앓았던 아이

이 사례는 SBS '우리 아이가 달라졌어요'에 출연해 담당했던 프로젝트에서 만난 은우(가명)의 사례입니다.

"피곤해요. 저는 아이만 보면 너무 피곤해요."

은우의 엄마는 저를 보자마자 이렇게 말씀하셨지요. 은우는 막말을 서슴없이 하는 아이였습니다. 장난감을 가져간 아빠한테 "빨리 줘, 나쁜 놈아 빨리!"라고 말하고, 야단을 치면 "죽을래? 인마? 엄마 죽여버릴 거야"라며 악을 썼습니다.

아이가 그럴수록 부모는 회초리를 세게 들었는데, 결국 그게 아이들을 공포로 몰아넣어 반항심을 더 키워버린 상황이었습니다. 방송팀과 저는 은우의 불안감을 테스트해 보았습니다. 은우를 낯선 공간에 잠시 혼자 두었더니, 이리저리 울며 어쩔 줄 몰라 했습니다. "무서워, 엄마! 무서워!"라고 연신 말했지요. 회초리에 노출되지 않았던 일반 아이들과는 너무나도 다른 모습이었지요. 예상보다 불안감과 두려움의 수치가 매우 높았습니다. 은우는 폭력으로 반항하는 거친 모습 이면에 불안감과 두려움에 떠는 정서가 뒤섞여 있는 극도로 혼란한 상태였습니다.

아이의 상태가 이 정도이니 급기야 엄마는 우울증에 시달리고 아빠는 아이가 학교 갈 나이가 되었는데 공동체 생활에 잘 적응할 수 있을지, 걱정이 크다고 말했습니다.

이 집의 문제는 부모 모두 '대화'로 아이를 훈계하지 못하고 지나친 회초리 사용으로 아이들을 무섭게 양육한 것이 화근이었습니다.

저는 아버님, 어머님께 이렇게 말씀드렸습니다.

"지나친 회초리 사용으로, 부작용이 생겼어요. 불안도가 높고, 공격성이 매우 높은 상황입니다. 아이들이 문제를 일으킬 때마다 잘못했다고 말하라고 지나치게 때리면서 강요하셨어요. 개선이 시급합니다."

"네, 박사님. 아이들이 이렇게 된 게 다 저희 때문인 것 같아요. 아이들한테 너무 미안하네요. 어떻게 해야 할까요?"

저는 집안에 있는 회초리를 내다 버리는 것부터 개선을 시작했습니다.

"부모가 폭력으로 다루면 아이도 폭력을 배워요. 부모가 자녀와 대화하는 법부터 배우셔야합니다."

제 말에 엄마, 아빠는 동시에 이렇게 대답했습니다. "그런데 저희 둘 다 대화하는 법을 몰라요. 아이들이 속상하게 하면 매부터 드는 것이 습관이 되었어요. 그 방법이 가장 빨랐거든요. 습관이 되다보니 화가 날 때 저도 모르게 회초리로 아이를 때리고 있어요. 이걸 어떻게 절제해야 하는지 모르겠어요."

그래서 저는 좋은나무성품학교의 '절제의 정의'를 소개하는 것부터 시작해야 했지요.

"절제란, 내가 하고 싶은 대로 하지 않고 꼭 해야 할 일을 하는 것(좋은나무성품학교 정의)이에요."

그리고 부모로서 감정을 절제하는 '절제의 1-3-10 공식'도 바로 설명했지요.

"'절제의 1-3-10 공식'을 통해 부모의 감정부터 조절해 보세요. 절제의 1-3-10 공식을 따라 해 보세요. 먼저 1! 하면 '절제!' 하고 외치세요. 3! 하면 숨을 '후후후' 하고 세 번 내쉬세요. 10! 1부터 10까지 천천히 세는 거예요. 이 단계를 통해 일단 부모의 분노를 가라앉히신 후, 아이에게 대화로 차분히 설명하는 것만으로도 좋은 훈계가 됩니다. 그리고 부모는 화가 날 때 1부터 10을 셀 수 있는 여유가 있어야 좋은 부모가 됩니다."

설명을 들은 부모님이 '절제의 1-3-10 공식'을 연습하고 이제는 부모로서 절제하는 성품을 키우겠다고 결심했지요. 좋은 부모가 되겠다고 결심하는 부부의 모습이 아름답게 보였어요. 완벽한 부모란 없지요. 우리가 배운 대로, 이전 부모에게 대접 받은 대로, 체험해 본 대로 행하다가 보면 실수도 하고 부모 역할에 미숙할 수 있지만, 자신의 모습을 성찰하고 좋은 부모가 되려고 노력하는 모습 자체가 소중해 보였습니다.

그리고 약속 시간이 지났는데 게임을 더 하겠다고 버티는 은우에게 엄마, 아빠는 '절제의 1-3-10 공식'을 실천해 보았습니다. 어머님은 바로 혼내지 않고, 마음속으로 절제를 외친 다음 "엄마랑 약속한 것 지키자"라고 차분하게 말했습니다. 은우가 "싫어!"라고 반항을 했지만 어머님은 심호흡을 세 번 내쉬며 화를 참고, "엄마가 조금만 더 기다릴게"라고 말했습니다. 어머님은 1부터 10을 세면서 약속을 지켜야 하는 이유에 대해 어떻게 설명할지 차분히 생각했지요. 예전과는 확실히 다른 모습이었습니다.

그리고 정말로 차분히 설명하니 아이도 '네'라고 대답하며 하던 게임을 정리했습니다.

"어머님, 정말 잘하셨어요. 아버님도 이렇게 하실 수 있으시고요."

"우리 아이가 말이 통하는 아이라는 걸 왜 지금까지 몰랐을까요. 절제의 1-3-10 공식을 쓰니까 무슨 말을 해야 할지 정리도 좀 되는 것 같고, 화를 안 내게 되네요. 굳이 회초리를 찾지 않아도 되니 정말 좋아요. 마음도 편해요."

엄마, 아빠도 아이들도 점점 변하면서 가정은 안정감을 되찾아갔습니다. '절제의 성품'이 가진 힘을 경험할 수 있는 시간이었습니다.

두 번째 만남
보석에 집착하는 아이

형준이(가명)는 식사시간 내내 산만하고, 고기는 절대 안 먹겠다며 거부하는 아이입니다. 게다가 쌍둥이 여동생들을 괴롭히고 울리는 것이 형준이의 주요 일과였지요. 그런 형준이가 맥을 못 추는 것은 바로 보석! 형준이는 보석만 있으면 배고프지 않았습니다.

이런 형준이 때문에 엄마는 식사시간마다 전쟁을 치르고 있었습니다. 형준이는 밥 한 숟가락 겨우 먹고, 집안에 있는 미끄럼틀로 향합니다. 그 뒤 엄마 손에 이끌려 다시 밥상으로 와서 한 숟가락 먹은 후 다시 소파에서 뒹굴고, 바닥에 뒹굴고, 그런 형준이를 따라 쌍둥이 여동생들도 식사를 중단하고 오빠처럼 이리저리 뒹굴고 장난칩니다.

그런 형준이는 보석만 있으면 정말 행복해 했습니다. 남자아이인데도 반지, 목걸이, 귀금속, 반짝이는 물건만 보면 굉장히 기뻐하며 집착했지요. 친척집에 놀러갔다가 형준이의 손에 보석이 들어오면 집에 갈 때에도 주머니에 담아 집에 가져가려 합니다. 그런 형준이를 옆에서 지켜보는 엄마는 형준이가 남의 물건을 함부로 집에 가져오는 것이 엄청난 스트레스였답니다.

저는 방송 팀과 함께 형준이의 집을 방문해서, 가장 먼저 방송 팀들이 찍어 놓은 관찰 비디오를 보면서 아이의 상태를 파악했습니다. 아이의 가정환경을 면밀하게 살펴보는 것부터 제 역할이 시작되는 것이지요.

형준이를 관찰한 결과, 형준이의 식습관도 문제지만 아이가 너무 산만하고, 통제가 잘 안 되는 원인이 무엇인지 찾아야만 했습니다. 특이한 것은 형준이가 7살이고 바로 초등학교에 입학해야 할 나이임에도 불구하고 아이가 읽을 수 있는 책이나 책상, 형준이의 개인 물건들이 눈에 띄지 않고 집안은 어른 위주의 물건들로 깔끔하게 정돈되어 있었습니다.

"어머니! 형준이 방은 어디 있나요? 형준이가 읽는 책은 어디 있어요? 형준이 책상은요? 형준이가 갖고 노는 장난감은요?"

필자의 질문에 엄마의 대답은 정말 뜻밖이었습니다.

"저는 남편과 하루 종일 밖에서 일하다가 집에 들어와서 집안이 어수선하면 엄청 스트레스를 받아요. 그래서 아이들의 책을 장롱 위에다 두어 집안을 어지르지 못하게 했어요."

이 말이 떨어지기 무섭게 형준이는 원숭이처럼 두 발로 벽을 타고 높은 장롱 꼭대기에서 책을 집어 벽을 타고 밑으로 내려왔습니다. 정말 깜짝 놀랄 수밖에 없는 광경이었지요.

그래서 형준이는 하루종일 두 동생을 놀리고, 울리고, 동생들이 타는 미끄럼틀을 타면서 몸으로만 놀 수 있는 것에 집중했던 것입니다. 7살 아이가 마음껏 경험해야 할 정신적 활동이 절대적으로 부족했고 하루 종일 떨어져 있는 엄마의 부재가 아이의 정서를 산만하게 만든 것입니다. 이런 상태가 아주 어렸을 때부터 지속되었다면 아이가 보석을 좋아하는 것은 엄마와의 애착상태를 표현한 것이라고 볼 수 있게 되었습니다.

애착 이론을 과학적으로 정립한 존 볼비(John Bowlby)는 애착을 부모 각각에 대해 아동이 가지는 강하고 지속적인 유대라고 말합니다. 유년 시절에 어떤 애착이 이뤄졌는가에 따라 사람은 저마다 특유의 애착 유형을 지니게 되는데, 존 볼비의 애착이론을 발전시킨 애인스워드(M. Ainsworth)는 애착 유형을 안정 애착형(Secure Attachment), 회피 애착형(Avoidant Attachment), 저항 애착형(Resistent Attachment), 혼란 애착형(Disorganized Attachment) 이렇게 4가지로 분류했습니다.

아이와 양육자 간의 신뢰관계가 원만하게 맺어지지 못하면 '안정 애착'이 형성되지 않습니다. 안정 애착이 형성되지 않은 아이들은 특별한 다른 물건에 집착하는 경향이 있습니다. 어떤 아이는 특별한 인형에, 어떤 아이는 어릴 적 덮었던 이불에, 어떤 아이는 자신이 입었던 티셔츠나 옷에 집착하기도 합니다. 형준이는 엄마가 늘 하고 다니는 반짝이는 보석에 집착한 것이지요.

형준이의 진짜 마음은 보석이 좋아서가 아니라 늘 반짝이는 것을 하고 다니는 엄마에게 집착하는 마음이었습니다.

"어머님, 형준이가 산만한 이유는 '애착' 때문입니다. 제가 관찰해 보니 지금도 엄마의 관심을 받고 싶어서 애쓰는 모습이 보이네요. 우리가 이야기 하는 동안에도 뭐 찾아달라고 하면서 엄마의 관심을 끌기 위해 노력해요. 엄마의 사랑을 갈구하는 마음이 커서 그래요. 엄마의 사랑을 쌍둥이 동생들에게 빼앗긴 것 같은 상실감, 하루 종일 밖에서 일하는 너무 바쁜 엄마와 온전한 시간을 갖지 못하는 아이의 허전함, 몸과 마음의 성장에 맞는 놀이감이나 독서 활동 등이 부족했던 환경들. 이런 모든 문제들이 지금의 형준이가 되게 만들었어요. 보석에 집착하는 것 또한 엄마와 애착관계가 제대로 형성되지 못해 충족되지 못한 욕구를 채우려는 현상 중에 하나라고 볼 수 있어요."

어머님은 상담 중에 이런 질문도 건넸습니다.

"박사님, 형준이가 다른 집에 갔을 때도 한 번씩 자신이 갖고 싶은 보석들을 손에 쥐고 오거나 주머니에 갖고 오는 경우가 많아요. 굉장히 예민한 부분이라 제가 형준이에게 '그런 짓은 도둑질이라 안 돼!'라고 단호하게 얘기하기가 굉장히 어려워요. 아이가 상처 받을까 해서요."

저는 어머님께 훈계하는 것에 초점을 맞추지 말고 먼저 아이의 마음을 보라고 말씀드렸습니다.

"형준이는 정말 물건이 탐이 나서라기보다는 사랑을 갈구하는 마음을 표현하고 있는 것이죠. 내면의 어떤 부족한 마음에 대한 표현을 남의 물건을 가져오는 것으로 나타내는 아이들이 있거든요. 형준이의 마음을 먼저 만져주는 것이 필요합니다."

저는 아이의 마음을 충분히 읽어준 다음, 형준이의 행동을 자연스럽게 교정하는 성품훈계 방법을 소개해 드렸지요. 요점은 다음과 같았어요.

첫 번째, 가정의 규칙들을 아이들에게 알려 줍니다.
두 번째, 규칙은 약속이기에 한번 정해지면 그 규칙들이 몸에 밸 수 있도록 일관성 있게 반복하는 훈련이 필요합니다.
세 번째, 아이가 규칙을 잘 지켰을 때에는 칭찬해 주고 보상해 주어야 하고 지키지 않았을 때는 교정하는 훈계의 기술들을 사용해야 합니다. 이때 상황과 아이의 상태에 맞는 다양한 교정의 방법들이 적용되어야만 합니다.

"어머님, 구체적인 교정방법으로 제일 좋은 것은 대화입니다. 잘못했을 때에 야단치는 것보다는 미리미리 아이가 더 좋은 행동을 할 수 있도록 일상생활을 함께 하면서 사랑으로 가르쳐 주는 시간들이 필요합니다. 때리고 야단치는 것보다는 엄격하고 단호한 언어로 '그렇게 하면 안 된다'고 말해주고 어떻게 해주길 바라는 지 자세히 알려주는 것이 좋은 교정의 방법 중 하나예요." 이렇게 간단하게 요점을 알려드리면서 자세한 것은 제가 쓴 책 〈성품훈계법〉을 읽어볼 것을 권면했습니다.

다행스럽게도 어머니는 성품훈계의 방법대로 실천할 것을 약속했고 상담을 마친 뒤에는 한층 더 부모-자녀 관계가 회복된 모습을 보여 보람된 시간이었답니다.

세 번째 만남
고추장만 먹는 아이

고추장에 집착하는 아이, 용석이(가명)의 문제행동은 크게 두 가지였습니다. 반찬이 엄청 많은데도 자기 마음에 드는 반찬이 없으면 고추장으로 비빔밥만 먹는다는 것과, 아빠를 향한 집착이 강하다는 점이었죠. 특히 동생과 아빠 쟁탈전을 벌이는데, 아빠가 동생을 뽀뽀해주면 "뽀뽀하지 마!"라며 아빠를 발로 차버립니다. 잘 때도 용석이는 아빠 손을 꼭 잡아야 잠이 들지요. 이런 용석이에게 꾸러기 해결사로 제가 출연했고 그 아이와 단 둘이 앉아 먼저 이야기를 시작해보았습니다.

"용석아, 아빠 많이 사랑하지?"

"네"

"날마다 아빠가 그냥 네 손만 잡고 '용석이만 사랑해' 이렇게 말해줬으면 좋겠구나?"

잠시 뜸을 들이다가 용석이가 마음속 이야기를 꺼냈습니다.

"있잖아요. 동생이 태어나자마자 저는 아빠 옆에서 자게 됐어요."

"그랬구나. 그런데 그게 언제부터야?"

"음~ 3년 전이요. 동생 때문에 잠자는 자리를 바꿨을 때 많이 울었던 것 같아요."

전 내심 깜짝 놀라면서 아이에게 물었습니다.

"3년 전에 무슨 일이 있었는데?"

"엄마가 아가를 데리고 와서는 '이제부터는 아가가 엄마 옆에 있어야 하니 너는 아빠 옆으로 가서 자라' 이렇게 말했어요."

"저런~ 그래서 그때부터 엄마가 싫어졌구나. 아가도 미웠고?"

"네, 그때부터 엄마가 만들어준 반찬은 먹지 않았어요. 할머니가 만들어준 반찬만 먹고요. 없으면 고추장만 먹었어요."

일곱 살 아이가 3년 전의 일을 정확하게 또박또박 이야기하는 모습에 전율이 다 느껴질 정도였답니다. 용석이가 유독 아빠에게 집착하고, 동생을 때리고 고추장만 먹은 이유는 동생이 태어났을 때 갑자기 엄마와 가까이 있지 못하게 되어버린 상실감이 원인이었습니다.

용석이의 이런 마음을 엄마에게 전해야 한다는 생각에, 엄마와 용석이를 앉히고 서로 대화할 수 있도록 자리를 만들어 주었습니다. 먼저 용석이에게 엄마에게 말하고 싶은 것을 다 말해 보라고 했지요.

용석이는 엄마에게 "왜 자리 바꿨어?"라고 물었습니다.

"무슨 자리?"

엄마는 무슨 이야기를 하는지 감을 못 잡는 듯 했어요.

"동생이 태어나면서 잠자는 자리를 바꿨잖아요."

"아, 그랬었구나. 그때 네게 엄마가 '이제 너는 아빠랑 자'라고 했었구나. 그런데 그거 네가 진짜 어릴 때 한 말인데."

"어머님, 용석이가 그게 진짜 슬펐대요."

"아, 박사님. 정말요? 용석아, 그게 너무 속상했어?"

이제야 용석이의 마음을 알게 된 어머니는 당황해 하며 눈물을 글썽였습니다.

저는 용석이에게 사과하라고 권했습니다.

"용석아, 정말 미안해. 엄마가 너를 서운하게 해서 미안해."

그날 엄마와 아들이 묵혀두었던 감정들을 서로 꺼내며 눈물짓던 그 아름다운 장면을 잊을 수가 없답니다.

저는 부모와 용석이가 충분히 화해할 수 있도록 도운 뒤, 다음과 같은 성품훈계법을 소개했지요.

"용석이는 사실 엄마의 사랑을 갈구했지만, 아빠를 좋아하지 않으면 자기의 존재가치가 없어질 것 같은 불안감 때문에 아빠에게 집착하게 된 거예요. 첫째라서 느끼는 소외감을 없애주려면 아이들이 싸울 때 동생 편을 드는 게 아니라, '너희끼리 해결해', '엄마, 아빠는 너희 둘 다 사랑해'라는 말로 공평하게 대해주셔야 해요. 집안의 형님으로서의 역할을 인지할 수 있도록 엄마가 의지하는 든든한 장남으로 대접해 주세요. 용석이가 자신이 첫째라는 것에 자부심을 느끼고, 가족 안에서의 존재감도 느낄 것입니다. 관계가 좋아지고 용석이의 마음을 알아주는 것만으로도 밥투정 문제는 사라질 거예요."

그리고 또 한 가지! 상실감의 원인이 된 이 집안의 잠자리도 개선하는 것이 시급했습니다. 그 집은 온 가족이 한 방에서 나란히 자고 있어서 '잠자리가 부모의 사랑을 쟁탈하는 자리가 되면, 자리를 빼앗긴 아이는 상실감을 느낀다. 부모와 아이의 잠자리를 분리시키는 것이 필요하다'고 말씀드렸지요.

부모님은 옷 방을 정리하여 아이들 방을 독립적으로 만들어 주었고 아이들이 각자 원하는 하늘색과 분홍색의 이불들을 사러가겠다고 나서면서 온 가족이 환하게 웃던 행복한 모습이 지금도 떠오릅니다.

이 솔루션은 아이의 문제행동을 깔끔하게 개선했습니다. 용석이는 안정을 찾은 총명한 아이가 되었고 멋진 형님, 의젓한 장남이 되었지요. 물론 이제는 절대로 고추장만 먹지 않아요.

네 번째 만남
질투의 화신 예진이

예진이(가명)는 세상에서 밥 먹기가 가장 싫은 아이이자, 동생을 향한 질투를 못 이겨 시도 때도 없이 동생을 공격하는 아이였습니다. 엄마가 자리를 뜰 때마다 동생을 주먹으로 퍽퍽! 무섭게 때렸지요.

예진이의 속마음을 알기 위해 방송 팀의 관찰 비디오를 보고 예진이와 상담을 한 결과, 아이가 엄마의 관심을 끌고 싶어 밥을 안 먹고, 동생을 괴롭힌다는 것을 알게 되었습니다.

"어머님, 지금 예진이는 옛날에 엄마하고만 단 둘이 놀았던 그 옛날의 추억을 그리워하며 살고 있어요. 이 추억에 방해되는 동생이 너무 미운 거예요. 머리를 당긴다든지, 발로 찬다든지, 심지어는 동생이 없었으면 좋겠다. 죽었으면 좋겠다. 이런 말까지 서슴없이 하거든요. 하지만 진짜 문제는 당장이 아니에요. 앞으로 더 큰 문제가 생길 수 있어요. 이렇게 계속 크면 아이는 큰 피해의식을 갖고, 동생을 많이 미워하게 돼요. 그리고 미움과 공격성이 습관이 되면 자기 성품으로 굳어져 '공격적인 아이'가 될 수 있어요. 더 늦게 전에 이제는 예진이의 상처 난 마음을 보듬어 주셔야 합니다."

"네, 박사님. 아이가 상처 받지 않게 훈계하려면 어떻게 해야 할까요?"

"문제 행동을 일으킨 아이의 마음은 어떤 마음일지 먼저 생각해 보는 훈련이 필요해요. 동생을 때렸을 때, '왜 그랬니?'가 아니라, '어떻게 된 일이니?'라는 말로 바꾸어 보세요. 그러면 아이가 변명하지 않고 자기 문제를 설명할 수 있거든요. 이 질문만으로도 아이가 왜 그런 행동을 했는지 마음을 알 수 있어요. 큰아이는 동생을 볼 때에 가장 큰 심리적인 위기가 찾아와요, 부모의 사랑을 동생 때문에 빼앗겼다는 피해의식이 큰 상태로 그냥 두면 여러 가지 퇴행 행동과 문제 행동을 하게 되지요. 더 많이 대화해주고 놀아주며 함께 하는 시간을 의도적으로 가져야 합니다. 시간을 정해 놓고 엄마가 큰 아이에게 집중해서 1시간이라도 함께 놀아주는 시간을 가져 보세요. 둘째는 아빠와 따로 시간을 갖는 것이죠. 그때 많이 스킨십해 주고 아이의 마음을 다독여 주면 행복한 아이로 클 것입니다."

엄마가 예진이만 따로 데리고 나가 둘만의 데이트를 즐기라는 처방은 아주 좋은 효과를 만들어 주었습니다.

상담이 끝나고 부모님은 약속대로 하루에 한 시간씩 예진이에게 온전히 집중하는 시간을 가지기 시작했습니다. 이제 예진이는 달라졌습니다. 함박웃음을 지으며 함께 식사준비도 하고, 동생도 예뻐해 주기 시작했죠. 아이의 마음을 읽어주는 것에서부터 시작하는 '성품훈계'의 힘을 다시 한 번 느낄 수 있었습니다.

다섯 번째 만남,
짜증! 짜증! 짜증보이를 만나다

다섯 번째로 만난 찬호(가명)는 채소 반찬을 싫어하는 것은 물론이오, 아예 밥상 옆에서 춤추고, 까불기만 합니다. 더 큰 문제는 "엄마 미워!"를 입에 달고 산다는 것이었죠. "나 엄마 많이 싫어해", "엄마 쓰레기통에 버려야지"라는 말까지 서슴없이 말했습니다. 그런데 방송 팀들이 찍은 관찰 비디오를 보니 엄마는 그때마다 "나도 찬호가 싫어", "나도 찬호 쓰레기통에 버려야지"라고 말하는 엄마의 반응이 당황스러웠죠. 엄마는 부모로서 단호하게 "그렇게 말하면 못 쓰는 거야"라고 훈계했어야 합니다.

저는 제대로 훈계가 되지 않고 있다고 판단했습니다.

훈계란 아이가 가야 할 옳은 방향을 부모가 안내하고 인도해 주는 것입니다.

이런 훈계 없이 아이가 원하기만 하면 부모가 전부 다 해주는 양육방식이 아이가 부모를 조롱하고 함부로 대하며, 자기 마음에 안 들면 엄마를 때리고 짜증을 낼 수 있는 여지를 만들었던 것이지요.

"밥을 안 먹을 때는 어떻게 훈계해야 할까요?"라는 어머님의 질문에 "지금 네가 먹기 싫으면 안 먹어도 된다. 그런데 엄마는 네가 밥 잘 먹고 튼튼한 사람이 되었으면 좋겠어"라며 엄마의 마음을 전달하라고 말씀드렸습니다. 그런 다음 아이가 왜 밥을 안 먹으려고 하는지 숨겨진 속마음을 보려는 노력이 필요하다고 덧붙였지요.

많은 경우 밥을 안 먹는 아이들의 속마음은 부모의 관심을 받고 싶은 욕구나 동생이 생긴 후의 후유증일 수 있고, 엄마가 밥을 먹이려고 쫓아 다니는 것을 즐거운 게임 정도로 생각해서 일수도 있습니다.

아이가 마구 짜증내고 엄마를 싫어한다고 표현할 때는 "엄마 싫어? 그래도 엄마는 찬호 좋아. 찬호가 엄마 좋아하는 것 알아." 이렇게 말하고 더 이상 그것에 반응하지 말라고 말했습니다. 엄마를 때릴 때는 "엄마 때리는 것은 절대로 용납 할 수 없어. 버릇없는 태도야"라고 단호하게 행동을 중지시켜야함을 알려 주었습니다.

100회 특집 때 찬호를 다시 만났습니다. 찬호는 엄마에게 "엄마, 정말 미안해"라며 사과도 하고 화가 나도 말로 잘 표현하는 아이가 되었습니다.

여섯 번째 만남,
낫토만 먹는 아이

소희(가명)는 다른 반찬은 전혀 안 먹고 일본식 청국장인 낫토만 먹는 아이였지요. 그런데 더 큰 문제는 엄마를 공격하고 때리는 것이었습니다. 동생에게 밥 잘 먹었다고 칭찬하는 엄마에게 "짜증나!"라고 소리치며 서럽게 울어대고, 큰 인형으로 엄마를 때리고 손에 잡히는 물건을 다 던집니다. "엄마 미쳤니?"라는 말을 내뱉어 모두를 당황시키기도 했습니다. 아이가 완전히 엄마 위에 있었습니다.

저는 어머님께 "지금 아이를 어떻게 훈계해야 할지 갈피를 못 잡고 계신 것 같습니다. 소리만 지른다고 되는 게 아닙니다. 엄마가 엄마로서 중심을 잡고 지시와 훈계를 해야 합니다"라고 말씀드리고, 구체적인 방법을 설명했습니다.

우선 공격적인 행동에 대해서는 이렇게 말씀드렸지요.

"엄마가 공격적으로 아이들을 대하면 아이들도 싸울 준비를 하게 되지요. 아이한테 '야!'라고 하지 말고 '소희야 이리와'라며 부드럽게 이야기를 시작하셔야 합니다. 그래야 애들이 방어하지 않고 엄마의 말을 들으려 합니다. 지금은 엄마가 달려들까 봐 무서워서 미리 물건을 던지고 자기에게 손을 못 대게 하려고 방어하는 겁니다."

"그러면 어떻게 해야 할까요?"

"평소에 '엄마가 소희를 사랑해'라고 자주 말씀해 주시고, 많이 안아주세요."

"안아주라고요?"

"네, 아이가 문제 행동을 하면 소리 지르지 말고 '엄마는 소희가 이렇게 해줬으면 좋겠어' 하고 요청하세요. '네가 이렇게 해주면 좋겠는데 엄마 도와줄 수 있겠니?'라고 말하면 자신이 엄마를 도와줄 수 있는 사람이라는 자존감이 생기고 칭찬받으면서 성취감도 생겨요. 소리 지르지 않고도 훈계할 수 있어요. 사랑의 마음이 전달되어야 아이와 친밀감을 쌓아갈 수 있답니다."

소희 엄마는 소리 지르지 않고도 자녀와 편안한 관계를 유지하며 훈계할 수 있는 방법이 있다는 것을 신기해 하면서 배우고 싶어 했습니다.

식사 규칙을 만들고 규칙을 잘 지키면 칭찬해주며 적절한 보상을 주고 규칙을 어겼을 때는 자녀와 싸우지 않고 단호하게 교정하는 방법들을 가르쳐 드렸지요.

"혼내지 마시고 지침을 주세요. '돌아다니지 말고 식탁에 앉아서 먹으면 좋겠다', '채소는 네 몸에 좋은 거란다. 힘들어도 조금씩 먹어 볼까?', '지금 네가 밥을 먹고 싶지 않구나. 그럼 네가 먹고 싶을 때 먹어야겠네. 그런데 엄마는 지금 안 먹으면 다시 차려줄 수가 없어. 다음 번 식사시간까지 기다려야 한단다'라고 정확한 지침과 엄마의 마음을 잘 전달하면 됩니다."

이 방법은 효과적이었습니다. 엄마의 지침을 듣고 식사 자리에 앉은 소희는 엄마의 칭찬대로 안 먹던 시금치며, 브로콜리 등등 통 먹지 않던 채소를 스스로 먹었습니다. 떠먹여도 안 먹던 아이가 스스로 숟가락, 젓가락을 사용하면서 말입니다.

상담과 행동 수정 시간이 끝난 후 어머님은 제게 이렇게 말씀하셨습니다.

"박사님, 정말 많은 도움이 됐어요. 아이들한테 잘못한 행동을 차분히 설명을 하니 아이도 그걸 받아들이고 충분히 수긍하고 따라오는 것을 보고 놀라웠어요. 그동안 제가 즉흥적으로만 대응했다는 게 안타까워요. 소희보다 제가 더 고쳐야 할 점이 많다는 걸 알았으니까 잘 지키도록 노력하겠습니다."

어머님의 진심어린 감사의 말 덕분에, 집으로 오던 길이 아주 보람찼던 기억이 납니다.

일곱 번째 만남,
의존성이 심한 아이

무엇이든지 엄마에게 의존하는 선희·선미(가명) 자매도 만났습니다. 채소가 든 밥은 엄마가 먹여줘야 겨우 먹었으며, 무엇이든지 "엄마가 해줘"라며 의존하는 모습을 보였습니다. 엄마는 이미 어느 정도 큰 아이들의 요구를 들어줄 수 없고, 들어줘도 안 된다는 생각에 호되게 혼내고, 매도 들었지요. 꽤 공격적이었습니다.

그리고 아이들이 아빠가 아닌 성인 남자들, 즉 태권도 선생님, 운전기사 아저씨, 동네 아저씨들을 너무 잘 따르는 게 문제라고 했습니다. 아이들의 아빠는 타지에서 근무하기 때문에 엄마 홀로 아이들을 돌보는 상황이었습니다. 사실상 엄마 혼자서 두 딸을 키워야 했던 엄마의 고충이 고스란히 느껴졌던 사례입니다.

저는 어머님께 혼자 아이들을 양육해야 하는 엄마의 정서적 부담감이 자녀들에게 그대로 반영되는 상황이 지금의 문제인 것을 말해야 했습니다. 엄마의 그 피로감이 자녀에게 공격적인 꾸중으로 나타나고 있고 공격적인 엄마의 말과 행동은 아이들도 엄마에게 공격적으로 대응하게 하는 원인이었습니다.

엄마가 자녀 양육을 힘들고 불편해 하니까, 자녀들도 덩달아 불편하고 힘든 상황이었습니다.

왜냐하면 자신들의 존재가 엄마를 불안하게 만든다는 것을 아이들도 알기 때문입니다.

아이들이 밥을 안 먹고 말을 안 듣는 것도, 엄마에게 지나치게 병적으로 의존하려는 모습도 그런 마음의 표현이라고 설명해 드렸습니다.

어머님은 현재 자신의 상태가 그렇다고 인정하면서 엄마의 내면을 아이들이 알고 있다는 것이 놀랍다고 말했습니다.

"어머님, 모녀지간의 새로운 관계정립이 필요하세요. 아이가 엄마를 부르면, 엄마가 반응해야 하고, 엄마가 아이를 부르면 화답하는 정상적인 관계로 바꿔가야 합니다. 또한 '너 빨리 안 치워?'라고 말하기보다는 '사랑해 선희야, 선미야'라고 많이 말해줘야 해요. 지금 해보세요."

어머님은 아이들을 품에 안았습니다.

"선희야, 선미야. 엄마는 진짜 너희를 사랑해."

그 말에 긴장한 듯 보이던 아이들 얼굴에 금방 웃음꽃이 피었습니다.

"엄마! 나도 사랑해요"라며 아이들도 화답했습니다. 지켜보는 저도 신기할 정도였답니다.

아이들이 엄마의 말을 잘 듣지 않는 문제에 대한 훈계방법도 알려 드려야 했어요.

"지금 자녀들은 어른들이 말하면 그 지시를 그대로 순응하는 연습이 안 되어 있어요. 이걸 고치려면 약속을 정해야 해요. 예를 들면 '엄마가 한 번 말하면 즉시 경청한다.' 이런 식의 약속이요. 경청이란 '상대방의 말과 행동을 잘 집중하여 들어 상대방이 얼마나 소중한지 인정해 주는 것'(좋은나무성품학교 정의)이랍니다. 서로 경청해 주는 것이 서로의 존재를 소중하게 여긴다는 표시가 되지요. 약속을 안 한 상태에서 자꾸 야단만 치면 소용없어요. '약속을 잘 지키면 그때 엄마가 이런 상을 줄 거고, 또 이런 행동을 하면 엄마는 어떤 행동을 할 거야'라고 행동과 그에 따른 결과를 미리 말해줘야 합니다."

"박사님, 그러면 성인 남성을 지나치게 따르는 문제에 대해서는 어떻게 해야 할까요? 조금 걱정되어서요."

"아빠의 부재가 아빠 같은 성인 남성을 지나치게 따르는 원인이 될 수 있어요. 엄마의 사랑으로 아이들의 자존감을 높여 주는 것이 시급하고 아빠의 사랑을 느낄 수 있도록 삼촌이나 할아버지, 친척들의 도움을 받아서 아빠의 자리를 대신해 줄 수 있도록 도움을 요청해 보세요. 두 딸에게 이 상황이 상처가 되지 않도록, 스스로 자신의 존재를 귀하게 여기는 힘을 기를 수 있도록 엄마와의 정서적 교감과 사랑의 체험이 필요해요."

상담이 끝난 후 어머님은 "제가 아이들을 어떻게 더 사랑해야 하는지 알게 되었어요. 아이들은 성장하고 있는데 저는 제 문제에 빠져 헤어 나오지 못했네요. 이제부터라도 용감하고 씩씩하게 우리 아이들을 더 많이 사랑하면서 살겠어요."

점점 더 혼자서 자녀를 키우고 있는 엄마, 아빠들이 많아져 가는 이 시대가 안타까웠습니다. 하지만 훈계 전문가로서, 부모 자신을 성장시키고 자녀를 사랑으로 지켜내는 사랑의 훈계법인 성품훈계법을 더 알려서 많은 부모들에게 행복하게 살아가는 힘을 보태줘야겠다는 사명감을 크게 느꼈습니다.

골목길을 나오는데 두 아이가 뛰어 왔습니다. 제게 요구르트 한 병을 손에 쥐어 주고 환하게 웃어주던 그 아이들이 제게 얼마나 큰 기쁨을 주던지요.

이 글을 마치려니 제가 만난 아이들이 떠오릅니다. 이제는 훌쩍 성장했을 그 아이들의 '좋은 성품'을 소망해 봅니다.

3
성품훈계법으로 달라진 수많은 아이들

훈계가 자녀를 위한 '사랑의 표현'임을 절실히 깨달은 부모들의 이야기도 있습니다. 제가 강의하는 '성품훈계학교'에 참여해 어떤 것이 진짜 훈계인지 깨닫고, 실천하여 가정의 변화시킨 귀한 분들의 이야기이지요. 수많은 가정들의 사례가 있지만, 그 중에도 특히 감동적이었던 사례들을 여러분들과 나누고 싶습니다.

배운 대로 했더니 변했어요
: 병원에서 포기한 ADHD 장애를 성품훈계로 치료한 이야기

저는 6학년 아들을 둔 엄마입니다. 아들은 ADHD 즉 주의력 결핍 과잉행동장애를 가지고 있습니다. 일곱 살 때부터 초등학교 3학년 때까지 병원 치료를 받았지만 별로 나아지지 않았고, 결국 의사 선생님의 권유로 치료를 포기해야 했지요. 그날 저는 얼마나 울었는지 모릅니다.

숙제를 하지 않고는 다 했다고 거짓말을 하기도 하고, 씻으라고 말하지 않으면 씻지도 않고, 준비물도 스스로 챙겨가지 못하고, 가방을 정리하다보면 우유가 서너 개씩 나오고, 하나에서 열까지 잔소리를 하지 않으면 안 되는 일상이었습니다.

성품훈계학교 강의를 듣기 시작하면서 그게 아이의 잘못이 아니라 내가 그렇게 만들었다는 깨달음이 생겼어요. 그동안 말로써 아이에게 상처준 것들과 어른으로써 좀 더 인내하지 못한 것이 후회가 되었습니다.

그리고 성품훈계학교 3회차 강의에 참석해서 감사의 성품에 대해 배우게 되었어요. 감사할 일을 적는데 얼마나 감사할 일이 많던지요. 귀하게 얻은 아들이니 그 존재만으로도 감사하고, 활기찬 모습에 또 감사하고, 조금씩 회복되어 가는 것도 감사했습니다. 아들에게 감사 편지도 썼습니다. 편지를 읽은 아들은 눈물을 흘리면서 "엄마 죄송해요" 하고 말해주었습니다. 그날 둘이서 부둥켜안고 많이 울었습니다. 그 후로는 관계도 회복되어갔습니다.

성품훈계학교에서 배운 대로 칭찬도 많이 해주었습니다. 아이는 조금씩 마음 문을 열고 변해가는 것 같았습니다. 예전에는 비밀도 많았는데 이제는 고민도 이야기하고 혼자 방에 있는 시간이 책 읽는 시간 외엔 없습니다. 방과 후에 휴대폰도 받지 않고 연락이 안 되어 애를 태우는 때가 많았는데 이제는 당당하게 친구들과 놀다 온다고 전화도 하고, 엄마가 노력하는 만큼 스스로도 많이 노력하는 모습이 보여서 얼마나 감사한지 모릅니다.

집안일도 도와주고 엄마가 힘들까봐 마트에 갈 때는 따라가 주기도 하는 효자가 되었습니다. 좋은나무성품학교의 성품훈계학교가 없었다면 어땠을까 생각하면 온 몸에 소름이 돋을 정도입니다. 이제는 어딜 가나 아들 칭찬을 듣습니다. 학교에서도 어떻게 해서 이렇게 좋아졌냐고 선생님께서 물을 정도입니다. 그러면 저는 당당하게 이야기합니다.

"성품훈계학교에서 배운 대로 했더니 아이가 변하더라고요."

엄마 된 사람으로 가장 하고 싶었던 아이의 생일잔치. 그동안은 우리 아이가 특별해서 친구가 없으니 생일잔치를 못해주었죠. 이제는 친구도 많이 생겨서 아이가 학교를 다닌 후 처음으로 생일잔치를 했더니 반 아이들이 거의 다 올 정도가 되었습니다. 남을 배려할 줄도 아는 아이가 된 거죠.

병원 치료도, 약도 소용없었는데 아이의 주의력 결핍과 과잉행동 장애가 성품교육으로 변화되는 기적 같은 일을 경험한 거예요. 이런 이야기를 나누게 되어 기쁘고 행복합니다.

_13기 성품훈계학교 수료자 김○○

무너져가던 우리 가정이 살아났어요!

성품훈계를 알기 전에는 가계활동과 남편의 목회활동을 뒷바라지하면서 자녀 양육까지 병행해야 했기에 늘 피곤하고, 짜증나고, 우울한 상태로 아이들을 대할 때가 많았습니다. 또한 남편이 극도로 완벽한 기준을 세우고 아이들을 강하게 키우려는 의지가 강했으므로 자주 다투기도 했습니다. 이런 상황은 결국 아이들에게 부정적인 영향을 끼쳤지요. 큰아이는 초등학교에 입학하면서 불안장애가 심해져 손톱을 심하게 물어뜯었고, 심지어 입고 있던 옷까지 물어뜯어서 구멍이 날 정도였습니다. 눈을 심하게 깜빡이는 틱 장애까지 생겼습니다. 또 저는 저대로 불안감과 우울증으로 힘들어 하다 보니 딸아이와 애착 관계가 잘 형성되지 않아 딸아이가 정서불안 증상을 보였습니다. 저는 가정 회복이 중요하다고 느껴 양육 도서를 읽고, 상담을 받기도 했지만 문제는 제자리를 맴돌았습니다.

제대로 된 기준 없이 훈계하고 양육한 탓이었지요.

다행히 좋은나무성품학교의 성품교육을 통해 내가 먼저 변하면서, 우리 가정도 달라지기 시작했습니다. 언제나 아이들을 존중하고 사랑하는 길이 무엇일까를 먼저 생각한 뒤 좋은 행동을 선택하는 습관을 가지려고 노력했습니다. 또 아이들의 말이나 행동을 부정적으로 판단하지 않으려고 인내했습니다. 강의 내용 중 10까지 세지 못하는 부모는 부모가 아니다"라는 말을 생각하며 부정적인 감정을 최대한 절제하려고 했으며, 잔소리를 하려고 할 때마다 대화로 좋은 생각, 감정, 행동을 습관처럼 가르쳤습니다. 가족회의를 통해 가족규칙과 교정, 보상 내용도 정해서 훈계 자체를 아이들이 충분히 납득할 수 있도록 했지요. 남편도 함께 강의를 들으면서, 부자관계도 회복되었습니다. 아버지와 아들 간의 스킨십이 많이 늘자, 아들의 심리가 많이 안정되어 학업에 집중하기 시작했습니다. 이제 우리 아이들이 성품훈계를 통해 잘 성장하여 멋지고 행복하게 살아갈 모습을 기대합니다.

_7기 대전 성품훈계학교 수료자 오○○

아이를 처음 만났을 때의 감동을 회복시켜준 성품훈계법

성품훈계학교 6주 과정 중에 둘째 소연(가명)이와 관계를 회복하는 기적과 같은 시간이 있었습니다.

소연이는 기질적으로 저와 반대의 기질인 것도 있지만 엄청 고집 세고 욕심도 많고 좀 다루기 힘든 아이입니다. 전문가와 상담·검사도 받고 여러 방법을 써보며 아이의 기질을 고치려고 노력을 해왔지만 나와 아이의 관계는 좀처럼 나아지지 않았지요.

그런 어려움 때문에 성품훈계학교에 다니게 되었고, 수업 시간에 배운 대로 아이에게 정확하게 해야 할 행동과, 하지 말아야 하는 행동에 대해 지시했습니다. 안 들었을 경우에는 규칙을 세운 대로 타임아웃을 시도해보거나, 약간의 매를 들며 열심히 훈계했지요.

그러던 어느 날, 소연이가 설잠을 깨서 예전처럼 떼쓰고 짜증부리고 울고불고하는 것입니다. 예전 같으면 아이의 요구를 다 들어주다가 끝내 소리를 지르거나 화를 냈겠지만, 저는 소연이를 안고 거실로 나와서 "우리 소연이가 많이 힘들구나, 괜찮아"라며 위로해 주었지요. 그리고 "소연이는 축복받은 자녀야"라고 말해주며 축복기도를 해주었습니다. 그런데 갑자기 머릿속에 소연이를 임신한 사실을 알고 감격했던 장면이 생각났습니다. 의사선생님이 "딸입니다"라고 말했을 때 느꼈던 기쁨, 뱃속에서 태아가 꼬물거릴 때 "사랑한다"라고 속

삭였던 기억들이 스쳐 지나갔습니다.

이렇게 예쁜 아이를 사랑해주었던 기억을 잊고 아이가 나를 너무 힘들게 한다는 이유로 예전처럼 예뻐하지 못하고 힘들어만 했던 나의 모습이 부끄러워졌습니다.

저는 소연이를 품에 안고 "엄마가 미안해"라며 진심으로 사과하고 용서를 구했습니다. 그러자 소연이가 울고 있는 저를 꼭 껴안으면서 "엄마, 나는 엄마를 너무너무 사랑해"라고 말해주었습니다. 그렇게 서로 울며 사랑을 고백하며 둘 사이에 있던 벽이 무너져 내렸습니다. 이제 아이가 존재 자체만으로도 사랑스럽고 감사했습니다.

그날 밤의 일은 나와 소연이에게는 엄청난 사건이었습니다. 내가 소연이를 바라보는 눈이 180도 바뀌었으며, 사랑하기 때문에 더 지혜롭게 훈계하게 되었습니다. 앞으로도 성품훈계학교에서 배운 훈계법을 꾸준히 활용해서 나와 소연이 모두 행복한 삶을 살아가려 합니다.

_8기 성품훈계학교 수료자 김○○

훈계는 사랑이라는 것을 깨닫다

우리 준규(가명)는 소리 지르고, 우는 소리를 내면서 반항하곤 했습니다. 그럴 때마다 성품훈계학교에서 배운 대로 화를 내기보다는 '네가 엄마의 자녀이기에 충분히 사랑 받고 있으며, 여러 가지 일들을 스스로 해나가야 한다'고 격려해 주었지요. 그로부터 며칠 후, 준규가 이제는 학교에 혼자서 가보겠다고 말했습니다. 저는 그 모습이 대견해 준규가 엘리베이터를 타는 모습을 지켜보려고 했더니 "엄마, 나 혼자 갈 수 있어요. 어서 가세요"라며 씩씩하게 말하는 게 아니겠어요. 또 하루는 친구 집에 놀러가고 싶어 하는 준규에게 '앞으로는 그런 일이 있으면 엄마에게 미리 부탁했으면 좋겠고, 오늘은 일이 있으니 놀러 가지 못 할 것 같다'고 이야기 해주니, 잠시 속상해 하긴 했지만 "알았어요, 다음에 갈게요"라며 금방 수긍했습니다. 소리 지르고, 징징거렸던 예전의 모습이 온데간데 없어진 것입니다.

이렇게 나의 훈계 방법, 태도가 변하면서 준규의 말과 행동이 확연히 변했습니다. 지금도 훈계를 해야 할 상황이 되면 좋은나무성품학교의 '절제의 1-3-10 법칙'을 바로 떠올리게 되며, 나의 순간적인 감정으로 잘못된 훈계를 하고 있지는 않은지 살펴본 후 지혜롭게 훈계하는 기도를 하게 됩니다. 그런 다음에 준규의 잘못된 행동을 훈계하니 아이에게 분한 마음을 품지 않게 됩니다.

성품훈계학교에서 배운 내용 중에 "훈계는 사랑이다"라는 말이 선명하게 기억납니다. 앞으로도 '아이에게 유익을 알려주며, 아이를 진정으로 사랑한다는 것을 보여주는 훈계'를 하고 싶습니다.

_6기 성품훈계학교 수료자 김○○

성품훈계법으로 달라진 여러 가정의 공통점이 바로 '성품훈계'를 통해 가족 간의 관계가 달라졌다는 점입니다.

성품훈계는 단순히 '잘 가르쳐 행동을 바로잡는 방법'이 아니라, 자녀와의 관계를 돌아보고 개선하는 근본적인 해결책입니다.

훈계한답시고 화를 내며 꾸짖거나 체벌을 하는 것은 자녀와의 사이를 멀어지게 만들 뿐입니다. 잘못된 훈계가 반복되면 돌이킬 수 없는 비극을 겪을 수도 있지요.

따라서 우리는 다음 장에서 내가 그동안 자녀를 어떻게 생각해왔는지 돌아볼 수 있는 시간을 가지려 합니다. 그 다음에 성품훈계가 무엇인지, 어떻게 적용하는 것인지 들어가도 늦지 않습니다. 자녀를 훈계할 때 가장 중요한 것은 '기술'이 아니라, '관계'임을 잊지 말아야, 우리 가정을 근본적으로 변화시킬 수 있습니다.

chapter 02

자녀란 누구입니까?

1
아이에게 가르쳐야 할 미래역량은?

최근 각종 미디어에서 인공지능 로봇, 사물인터넷, 빅데이터와 같은 단어들이 쏟아져 나오고 있습니다. 이러한 최첨단 기술들이 활발하게 산업에 활용되는 시대가 바로 '4차 산업혁명 시대'입니다.

4차 산업혁명과 관련해 가장 많이 언급되는 기업은 '아마존닷컴' 입니다. '아마존닷컴'은 4차 산업 기술을 사업에 적극적으로 도입해 '동선 추적 센서'와 '인공지능' 기술을 활용한 무인마트 아마존 고(GO)를 만들었습니다. 아마존 고에 방문한 고객은 원하는 상품을 장바구니에 넣고, 매장 밖으로 가지고 가기만 하면 됩니다. 진열 선반에 있는 센서가 고객이 무엇을 샀는지 확인하고, 매장을 나갈 때는 모바일 앱에 등록된 신용카드로 자동 결제가 됩니다.

'아마존 에코'는 고객이 집에서 음성만으로도 물건을 구매하도록 설계가 되었습니다. 자율 주행 기술을 이용한 배송 트럭과 드론 배송도 거의 다 준비한 상황입니다.

이렇게 4차 산업기술을 사업화한 기업은 갈수록 늘어나고 있습니다. 미국의 제네럴일렉트릭(GE)은 스마트 홈 기기 발전에 박차를 가하고 있고, 미국 투자은행인 골드만삭스는 투자분석에 인공지능을 도입했습니다.

일자리가 변하고 있다

이러한 변화는 일자리를 위협하고 있습니다. 아마존의 유통혁신은 '계산원, 포장 직원, 상품 진열 직원, 물류센터 직원' 등이 필요하지 않은 시스템을 만들었고 실제로 물류센터 직원을 잇따라 해고하고 있습니다. 골드만삭스도 직원 2명만 남기고 600명을 해고했습니다.

앞으로 더 많은 산업 분야에서 4차 산업기술을 도입해 나가면 기존의 '일자리'가 위협 받는 상황은 더 증가할 것입니다. World Economic Forum(2016)에서는 2020년까지 약 7백만 개의 일자리가 감소하고, 일자리 증가는 약 2백만 개에 그치기 때문에 전체적으로 5백만 개 이상의 일자리가 줄어들 것으로 전망하고 있습니다.

우리 아이가 살게 될 시대에는 인간과 기계의 공존이 본격화될 것입니다. 이미 존재하고 있는 로봇기자, 로봇펀드 매니저처럼 더 많은 산업 현장에 인공지능, 로봇이 도입되어 인간의 노동을 대체하게 될 것입니다.

새로운 일자리도 생기겠지만, 기존 일자리의 급격한 감소로 인한 사회적 문제도 간과할 수 없습니다. 기계(로봇)를 능가할 수 없는 사람들은 인간으로서의 한계와 좌절감을 느끼는 인간 소외 현상까지 발생할 수 있겠지요. '인간 복제', '킬러로봇' 같은 기술이 윤리적이냐, 비윤리적이냐 하는 문제도 끊임없이 거론될 것입니다.

이러한 변화 속에서 제일 걱정되는 것은 우리 아이 교육입니다. 대체 어떻게 키워야 할까요? 우리 아이에게 가르쳐야 할 미래역량은 무엇일까요?

수많은 전문가가 강조하는 미래역량은?

수많은 전문가가 기계에는 없고, 인간만이 가지고 있는 '좋은 성품'을 미래역량으로 이야기하고 있습니다.

4차 산업혁명의 세계적 관심을 촉발한 World Economic Forum에서는 급격하게 변화하는 환경에 대처할 수 있는 '협업력, 의사소통력, 적응력'과 같은 성품을 갖추어야 한다고 설명했습니다. OECD는

7년간 수행된 DeSeCo(Defining and Selecting Key Competencies) 프로젝트에서 미래 역량의 하나로, 공동체에 적극적으로 참여하고, 주변 사람들과 우호적인 관계를 맺으며, 나와 다른 문화·사회·경제적 배경을 가진 상대와 협력하는 '사회적 상호작용 역량'을 핵심 역량으로 제시하고 있습니다.

이 외에도 수많은 연구자가 인공지능이 대신할 수 없는 '좋은 성품'을 인간이 꼭 갖추어야 할 미래 역량으로 꼽았습니다.

실제로 4차 산업을 주도하는 실리콘밸리에 위치한 '스탠퍼드 대학'에서는 학생들이 협력하여 하나의 목표를 달성하는 프로젝트 기반학습을 진행해 왔습니다. 팀원들이 자신의 지식과 경험을 공유하며 공동의 목표를 완성하는 수업으로, 팀원 간의 공감인지능력이 중요한 역량이 됩니다.

공감인지능력이란, '다른 사람의 기본적인 정서, 즉 고통과 기쁨, 아픔과 슬픔에 공감하는 능력으로 동정이 아닌 타인에 대한 이해를 바탕으로 하여 정서적 충격을 감소시켜주는 능력(이영숙, 2005)입니다. 타인의 정서를 읽고, 그것에 적절하게 반응할 줄 아는 아이는 4차 산업 시대의 지식 공유와 네트워킹에서 앞서나갈 수 있습니다.

또한 우리는 4차 산업 시대가 가져오는 고도화된 기술의 유익을 누리는 한편, '이 기술이 윤리적인가?' 하는 문제와 맞닥뜨리게 될 것입니다. '인간 복제', '킬러로봇' 문제는 현재 논란이 되고 있습니다.

기술이 급속도로 발달하는 4차 산업 시대에는 이 문제가 계속 대두될 것이기에, 우리 아이들에게 '옳고 그름을 판단하는 분별력'을 가르치는 것이 중요합니다. 분별력이란, 인간의 기본적인 양심을 기초로 하여 선악을 구별하는 능력으로, 올바른 생활과 건강한 시민정신, 도덕적인 행동을 위한 토대가 되는 덕목(이영숙, 2005)입니다. 기술을 활용하거나 개발할 때, 그 기술이 바람직한 목적으로 쓰이고 선한 영향력을 발휘하려면 '분별력'이라는 좋은 성품이 있어야 합니다.

자녀교육의 방향을 바꿔야 할 때

급변하는 세상의 흐름 속에서, 우리는 자녀를 어떻게 키우고 있나요? 수십 년간 우리나라 교육은 성품이 결여된 채, 언어, 수학, 과학 등에서의 인지능력을 중요시했습니다. 인지능력을 키워 뛰어난 성적으로 좋은 대학, 좋은 직장에 들어가는 것을 강조해 왔지요.

그러나 많은 전문가는 '우리 아이들이 주역이 될 시대는 학교에서의 교과 공부와 높은 성적을 위한 노력만으로는 적응하기 어려운 시대'라고 단언합니다. 다양한 정보가 쏟아지고, 급속도로 변화하는 기술의 양을 학교 교육이 다 감당할 수 없기 때문입니다. 이제는 복잡하고 혼란스러운 시대에 적응하며 스스로 학습하고 성장하는 사람이 되도록 교육하는 것이 더 중요해졌습니다.

좋은 성품을 갖춘 아이들은 자신을 잘 아는 '자아정체감과 자존감'을 갖추었기 때문에, 시대의 변화 속에서도 자기가 좋아하는 것과 잘할 수 있는 것을 분별하고 선택할 수 있습니다. 자율적으로 좋은 생각, 좋은 감정, 좋은 행동을 선택해서 행복하고 성공적인 인생을 만들어 갈 수 있습니다. 스스로 좋은 생각, 좋은 감정, 좋은 행동을 선택하는 훈련이 이미 되어있기 때문입니다. 이것이 바로, 우리 아이들에게 좋은 성품을 가르쳐야 하는 이유입니다.

4차 산업혁명 시대를 혼란 속에 맞이하지 않도록 아이들에게 지금, 좋은 성품을 가르치는 것이 미래를 준비하는 가장 탁월한 역량입니다.

자기를 절제하여 목표를 달성하고 자신의 할 일이 무엇인지 알아 끝까지 해내는 책임감이 있고 다른 사람의 말을 집중하여 경청하는 '좋은 성품'을 가진 사람은 무엇을 해도 잘할 수 있는 사람입니다.

그래서 저는 '좋은나무성품학교'의 프로그램을 12가지 주제성품을 중심으로 가르치고 훈련하고 있습니다. 성품은 타고난 것이 아니라 가르치고 훈련함으로 더 좋은 성품을 소유할 수 있기 때문입니다. 미래 사회는 성품 좋은 지도자를 원하고 있습니다. 성품 좋은 한 사람이 세상을 변화시킬 수 있는 바로 그 사람입니다.

2

가장 귀한 선물, 자녀

당신의 우선순위는 무엇입니까?

사무엘상에 등장하는 엘리 제사장은 백성을 하나님께 인도하는 제사장이었지만 자녀교육에는 실패했던 사람입니다. "엘리의 아들들은 행실이 나빠 여호와를 알지 못하더라"(삼상 2:12). 그 결과 엘리 제사장의 집안은 완전히 풍비박산이 나고 말았습니다. 또한 하나님의 사람 사무엘도 자녀교육에는 실패했다고 사무엘상에는 기록하고 있습니다.

"그의 아들들이 자기 아버지의 행위를 따르지 아니하고 이익을 따라 뇌물을 받고 판결을 굽게 하니라"(삼상 8:3). 더욱이 하나님의 마음에 합한 사람 다윗 왕 역시 자녀교육에는 실패했습니다. 열왕기상·하를 보면 다윗 왕이 자녀 때문에 백성 앞에서 얼마나 큰 수치를 당했는지 알 수 있습니다.

그러므로 우리의 삶이 온전해지며 하나님께 영광을 돌리기 위해서는 무엇보다 자녀양육을 우선순위에 두고 살아야 합니다. 이것이 모든 일의 시작이 되어야 합니다. 가장 중요한 자녀양육을 제쳐놓고 회사일이나 집안일 등 다른 일로 너무 바쁘게 살지 마십시오. 우리 삶의 계수는 우리 자녀에게 있다는 것을 명심해야 합니다.

크리스천의 자녀관

그렇다면 우리는 크리스천으로서 어떤 자녀관을 가져야 할까요? 그 해답은 물론 성경에 나와 있습니다. 시편 127편이 바로 우리에게 주는 자녀양육에 관한 성경적 해답입니다.

첫째, 자녀는 하나님이 주신 평생 기업입니다.

"보라 자식들은 여호와의 기업이요…"(시 127:3).

만약 어떤 왕이 왕자와 공주를 잘 가르칠 사람을 유모로 임명하여 그에게 양육을 위임했다고 합시다. 그러면 그 유모는 왕의 자녀들에게 유모의 뜻을 가르쳐야 할까요? 아니면 왕의 뜻을 가르쳐야 할까요?

자녀는 내 것이 아닙니다. 하나님이 우리에게 맡겨 주신 것입니다.

둘째, 자녀는 하나님의 선물입니다.

"…태의 열매는 그의 상급이로다"(시 127:3).

우리에게 주신 하나님의 가장 위대한 선물은 바로 자녀입니다. 그러므로 부모 된 우리는 항상 감사와 감격의 마음으로 자녀를 양육해야 합니다. 자녀를 버거운 대상으로 착각하지 말아야 합니다. 게다가 자녀는 저주와 한탄의 대상이 아닙니다. 야곱은 형에게 가서 자기 자식을 소개할 때 이렇게 말했습니다.

"에서가 눈을 들어 여인들과 자식들을 보고 묻되 너와 함께 한 이들은 누구냐 야곱이 이르되 하나님이 주의 종에게 은혜로 주신 자식들이니이다"(창 33:5).

우리의 자녀 또한 하나님께서 은혜로 주신 자식임을 잊지 말아야합니다.

셋째, 자녀는 화살과 같습니다.

"젊은 자의 자식은 장사의 수중의 화살 같으니"(시 127:4).

부모에게는 자녀의 생의 방향 설정과 목표 설정에 대한 책임이 있습니다. 마치 장사의 손에 들려 있는 화살이 쏘아대는 방향으로 날아가서 꽂히듯이 말입니다. 우리는 지금 어디를 향해 화살을 쏘고 있습니까? 공부입니까? 돈입니까? 아니면 세상의 부귀와 영화입니까? 우리는 '자녀'라는 화살들을 주님의 교양과 훈계를 향해 당겨야 합니다. 하나님의 사람이 되는 것과 주님의 성품을 닮은 자녀가 되는 것에 목표를 두어야 합니다.

효과적으로 자녀를 가르치는 12가지 방법

그러면 마땅히 행할 길을 자녀에게 가르치는 효과적인 방법은 무엇일까요?

- 자녀가 어릴 때 주께 인도하십시오(딤후 3:14-15 참조).
- 자녀에게 지속적인 모범이 되십시오.
- 하나님의 뜻이 자녀에게 '최고의 열망'이 되게 하십시오.
- 인정하고 칭찬하십시오.
- 독립적이고 개성 있는 인격으로 양육하십시오.
- 사랑으로 훈련하십시오.
- 함께 시간을 보내십시오.
- 다른 아이들과 비교하지 마십시오.
- 부모의 도덕의식을 분명히 제시하십시오.
- 모든 삶을 통하여 교육하는 데 열심을 내십시오.

- 자녀에게 구체적인 사랑을 표현하십시오.
- 하나님의 영광을 위하여 자녀를 키우십시오.

3

다니엘 같은 자녀를 꿈꾼다면

부모들은 내 자녀를 어떻게 키울지 결정해야 합니다. 하나님 앞에서 키울 것인지 아니면 세상의 학문으로 가득 채워서 세상의 종으로 키울 것인지 결정해야 합니다. 하나님 아버지는 우리 부모들에게 자녀를 위탁하셨습니다. 우리는 하나님을 대신해서 자녀를 키우는 것이며 더욱이 잠깐 동안 맡아 키우는 것입니다.

다니엘 같은 자녀 키우기

우리 자녀에게 가장 먼저 길러줘야 하는 기질이 있습니다. 바로 '성령의 기질'입니다.

"오직 성령의 열매는 사랑과 희락과 화평과 오래 참음과 자비와 양선과 충성과 온유와 절제니 이같은 것을 금지할 법이 없느니라"(갈 5:22-23)

부모들은 자녀가 어떤 사람이 되기를 원할까요? 이 세상에서 성공하는 사람이나 돈을 많이 버는 사람이나 명예가 높은 사람 등. 부모들은 나름대로 바라는 자녀상이 있습니다.

그러나 우리가 진정으로 바라는 자녀상은 '성령의 기질'을 가진 자녀일 것입니다. 즉 양순하고 온유하고 양보하고 절제하고 사랑이 있고 기쁨이 있는 기질의 자녀 말입니다. 또한 성령의 기질이란 나의 성품을 성령께서 다스리시는 사람을 말합니다. 내 안에서 역사하시는 성령님께 내 삶을 의탁하고 사는 사람이야말로 정말로 멋진 사람입니다.

성경 말씀에 보면 성령의 기질을 가진 이상적인 자녀가 등장합니다. 바로 '다니엘'입니다. 저는 개인적으로 다니엘과 같은 자녀를 이상적인 자녀상으로 여깁니다.

그렇다면 다니엘은 어떤 사람이었을까요? 그는 포로로 잡혀간 나라인 바벨론과 메대와 바사에 이르기까지 3번이나 나라가 바뀌고 4명이나 되는 왕을 섬기면서도 높은 관직인 총리로 재직하였으며, 아무런 흠도 찾을 수 없고 적국에서도 존경 받았던 위대한 인물입니다. 또한 평생을 하나님께 의뢰한 사람입니다.

뜻을 정하는 자녀

다니엘은 유다가 바벨론에 의해 멸망했을 때 포로로 끌려가게 됩니다. 바벨론 왕 느부갓네살은 예루살렘을 점령한 후 예루살렘의 왕족과 귀족의 자녀 중에서 흠이 없는 아이들을 뽑아서 왕궁에 거하도록 했는데 그 중에 어린 다니엘이 뽑혔습니다.

느부갓네살 왕이 예루살렘의 자녀들을 왕궁에 거하도록 한 것은 그들의 의식을 바벨론 식으로 바꾸어 나라의 통치 조력자로 훈련시키고자 했기 때문입니다. 또한 그들이 하나님에 대한 믿음을 포기하고 천천히 우상을 숭배하도록 하기 위한 것이었습니다.

그런데 포로로 끌려간 다니엘이 처음으로 한 일은 뜻을 정하는 것이었습니다. "다니엘은 뜻을 정하여 왕의 음식과 그가 마시는 포도주로 자기를 더럽히지 아니하리라 하고 자기를 더럽히지 아니하도록 환관장에게 구하니"(단 1:8). 다니엘은 포로로 잡혀왔기 때문에 돌보아줄 사람이 곁에 없었지만 세상의 흐름에 타협하지 않도록 하나님께 기도했습니다.

부모는 세상 끝나는 날까지 자녀와 함께할 수 없습니다. 다니엘의 부모도 다니엘이 위기에 처했을 때 함께할 수 없었습니다. 그러나 위기에 처한 다니엘은 하나님께 기도로 의뢰함으로 위기에서 벗어날 수 있었습니다.

어느 날 느부갓네살 왕 때 진수성찬의 제사음식을 차려 놓고 다니엘에게 먹을 것을 권유했습니다. 그러나 다니엘은 하나님의 백성으로서 우상의 음식을 먹을 수 없다고 하면서 왕의 진미를 거부하고 대신 채소를 달라고 구하되, 지혜롭게 먼저 열흘 동안 시험해 달라고 구합니다. 그런데 채소를 먹은 다니엘은 왕의 진미를 먹은 사람보다 훨씬 윤택하고 아름다웠습니다.

다니엘은 뜻을 정하여 행동할 줄 아는 사람이었습니다.

위기에서 기도하는 자녀

어느 날 느부갓네살 왕이 꿈을 꿉니다. 왕은 그 꿈이 무엇을 뜻하는지 알 수 없었습니다. 그래서 왕은 기한을 정한 뒤에 모든 박사들에게 이 꿈이 무엇을 뜻하는지를 알아오라고 했습니다. 만약 알아오지 못하면 모든 박사들을 죽이겠다고 선포하였습니다. 꿈 해몽 때문에 다니엘도 죽을 운명에 처합니다.

그러나 다니엘은 명철한 두뇌로 왕의 해몽 기한을 연기하고 하나님께 기도하여 꿈의 의미를 알게 됩니다. "이에 이 은밀한 것이 밤에 환상으로 다니엘에게 나타나 보이매 다니엘이 하늘에 계신 하나님을 찬송하니라 다니엘이 말하여 이르되 영원부터 영원까지 하나님의 이름을 찬송할 것은 지혜와 능력이 그에게 있음이로다"(단 2:19-20). 다니엘은 위기에서 기도할 줄 알았습니다. 이때 느부갓네살 왕은 다니엘에게 무릎을 꿇고 절하며 "…너희 하나님은 참으로 모든 신들의 신이시요 모든 왕의 주재시로다…"(단 2:47)라고 말하고 다니엘에게는 바벨론 온 지방을 다스리게 했고, 바벨론 모든 지혜자의 어른으로 삼았습니다.

하나님을 의뢰하는 자녀

다니엘의 세 친구였던 하나냐와 미사엘과 아사랴에게 금 신상에 절을 하라는 시험이 닥칩니다. 만약 금 신상에 절하지 않으면 기름이 끓는 불 속(풀무불)에 집어넣는 벌을 내린다고 했습니다.

그러나 세 친구는 당당하게 "왕이여 우리가 섬기는 하나님이 계시다면 우리를 맹렬히 타는 풀무불 가운데에서 능히 건져내시겠고 왕의 손에서도 건져내시리이다"(단 3:17)라고 말했습니다. 결국 그들은 금 신상에 절을 하지 않아 불 속에 들어가게 되었지만 하나님의 보호로 털끝 하나 상하지 않았습니다. 이 모습을 본 느부갓네살 왕은 또 이들이 믿는 하나님을 높이고 세 친구도 높입니다. 그 후 느부갓네살 왕이 죽고 아들 벨사살이 왕이 된 후 다니엘은 또 꿈을 해석하게 되어 나라의 셋째 치리자로 높임을 받습니다.

메대 사람 다리오가 왕이 되었을 때 신하들은 30일이라는 기간을 정해 놓고 이 기간에는 왕에게만 기도할 수 있고 어느 신이나 사람에게 무엇을 구하면 사자 굴에 던져 넣는 형벌을 내린다는 명령을 제시해서 왕이 명령을 내렸습니다. 다니엘이 전국을 다스리는 총리가 되자 총리와 방백들이 흠을 찾을 수 없는 다니엘을 시기하여 하루 세 번 하나님께 기도하는 다니엘을 함정에 빠뜨리려는 계략이었습니다.

"…곧 이제부터 삼십일 동안에 누구든지 왕 외의 어떤 신에게나 사람에게 무엇을 구하면 사자 굴에 던져 넣기로 한 것이니이다"(단 6:7).

그럼에도 불구하고 다니엘은 여전히 요동 없는 모습으로 전에 행하던 대로 하루 세 번씩 무릎을 꿇고 기도하며 하나님께 감사했습니다.

"다니엘이 이 조서에 왕의 도장이 찍힌 것을 알고도 자기 집에 돌아가서는 윗방에 올라가 예루살렘으로 향한 창문을 열고 전에 하던 대로 하루 세 번씩 무릎을 꿇고 기도하며 그의 하나님께 감사하였더라"(단 6:10).

이 때문에 다니엘은 이러한 상황에서도 요동하지 않고 자신이 행하던 대로 행할 수 있는 용기를 얻게 되었습니다. 그 결과 어떻게 되었습니까? 하나님이 천사를 보내어 사자들의 입을 봉해서 조금도 몸이 상하지 않았습니다. 이러한 기적이 어떻게 일어날 수 있었겠습니까?

바로 하나님을 의뢰하였기 때문입니다.

"왕이 심히 기뻐서 명하여 다니엘을 굴에서 올리라 하매 그들이 다니엘을 굴에서 올린즉 그의 몸이 조금도 상하지 아니하였으니 이는 그가 자기의 하나님을 믿음이었더라"(단 6:23).

다리오 왕은 그 후 다니엘을 참소한 자와 그 집안을 모두 망하게 했습니다. 그리고 하나님을 더 높이십니다. "… 다 다니엘의 하나님 앞에서 떨며 두려워할지니 그는 살아 계시는 하나님이시요 영원히 변하지 않으실 이시며 그의 나라는 멸망하지 아니할 것이요 그의 권세는 무궁할 것이며 그는 구원도 하시며 건져내기도 하시며…"(단 6:26-27).

하나님께 은총을 받은 자녀

천사 가브리엘이 다니엘에게 지혜와 총명을 주기 위해 와서 다니엘에게 이렇게 말합니다. "…너는 크게 은총을 입은 자라…"(단 9:23).

이처럼 다니엘이 고비 때마다 위기를 벗어날 수 있었던 것은 하나님이 은총을 내려 주셨기 때문입니다. "내게 이르되 큰 은총을 받은 사람 다니엘아…"(단 10:11), "이르되 큰 은총을 받은 사람이여…"(단 10:19).

저는 저의 자녀들이 다니엘처럼 하나님의 은총을 받는 자녀가 되기를 원합니다. 그리고 앞으로 펼쳐질 일에 자기의 모든 것을 투자하며 나아가는 비전 있는 사람이 되기를 원합니다. 또한 하나님이 놀라운 능력을 부어 주셔서 저희 아이들이 제대로 쓰임을 받고 멋있는 이상을 가지고 사는 자녀들이 되게 해달라고 기도합니다.

마지막이 형통한 자녀

"너는 가서 마지막을 기다리라 이는 네가 평안히 쉬다가 끝날에는 네 몫을 누릴 것임이라"(단 12:13). 이 말씀을 통해 다니엘은 생의 끝이 형통하였음을 알 수 있습니다.

부모들은 내 자녀가 착하고 능력 있게 잘 살다가 그 마무리 또한 형통하기를 바랍니다.

내 자녀가 다니엘처럼 끝이 형통한 자녀가 되기 위해서는 자녀들이 평생 하나님을 믿고 따를 수 있도록 인도해야 합니다.

여호와를 경외하는 부모

이처럼 훌륭한 자녀를 낳은 다니엘의 부모는 어떤 사람들일까요?

"…이스라엘 자손 중에서 왕족과 귀족 몇 사람 곧 흠이 없고 용모가 아름다우며 모든 지혜를 통찰하며 지식에 통달하며 학문에 익숙하여…"(단 1:3-4)라는 말씀 속에서 다니엘의 부모를 유추할 수 있습니다. 다니엘의 부모는 왕족이나 귀족이었던 것 같습니다. 다니엘의 부모는 흠이 없이 아름답게 자녀를 키웠습니다. 그리고 모든 재주를 통달하고 모든 지식을 구비하고 학문에 익숙하도록 다니엘을 키웠습니다.

'다니엘의 부모는 왕족이었지만 나 같은 평범한 부모에게도 이것이 가능할까?'라고 생각하시는 분들이 있을 것입니다.

그러나 하나님을 아버지로 모신 이상 우리 모두는 하나님 나라의 왕족입니다. 하나님의 자녀들은 모두 왕족이기 때문입니다.

그렇다면 왕족인 우리는 자녀를 어떻게 길러야 할까요?

"여호와를 경외하는 것이 지식의 근본이거늘 미련한 자는 지혜와 훈계를 멸시하느니라"(잠 1:7).

지식의 근본이 하나님이므로 자녀들이 하나님을 경외하게 한다면 자녀를 다니엘처럼 키울 수 있습니다. 잠언 3장 3-4절을 보면 "인자와 진리가 네게서 떠나지 말게 하고…그리하면 네가 하나님과 사람 앞에서 은총과 귀중히 여김을 받으리라"는 말씀이 있습니다.

여러분의 자녀가 하나님 앞에서 은총과 귀중히 여김을 받게 하고 싶지 않습니까? 그렇다면 인자와 진리가 떠나지 않도록 해야 합니다. 인자와 진리는 곧 하나님의 말씀입니다. 부모가 자녀에게 하나님의 말씀을 알게 할 때 자녀는 하나님의 은총과 귀함을 받을 수 있습니다. 자녀가 영화롭게 되는 것을 싫어하는 부모가 있을까요? 자녀의 명예와 위치가 높아지는 것을 싫어하는 부모가 있을까요? 부모 된 우리가 하나님을 품을 때 그것은 가능해집니다. 하나님 아버지는 우리 부모들에게 자녀를 위탁하셨습니다. 우리는 하나님을 대신해서 자녀를 잠시 맡아 키우는 것입니다.

부모에게는 자녀를 가르쳐야 하는 책임이 있고, 자녀에게는 부모에게 순종함으로 그 가르침을 따라야 하는 책임을 주셨습니다.

그러나 우리는 자녀가 얼마나 귀중한 존재인지를 잊고 살 때가 많습니다. 또 부모로서의 책임이 무엇인지 모르고 살 때가 많습니다. 직장에 다니고 돈 벌고 살림하는 등. 여러 가지로 바쁘다는 이유로 쾌락과 안위 때문에 얼마나 시간을 낭비하는지 모릅니다.

하나님 아버지는 우리에게 귀한 자녀를 주셨습니다. 이 자녀에게 하나님의 길을 가르쳐서 다니엘처럼 높아지고 하나님을 드러내고 끝이 형통한 아이들로 키워야 합니다. 또한 다니엘의 부모처럼 훌륭한 부모가 될 수 있다고 믿는 우리 모든 부모들이 그렇게 될 수 있기를 간절히 소망합니다.

자녀양육을 우선순위에 두고
살아야 합니다.
가장 중요한 자녀양육을 제쳐놓고
회사일이나 집안일 등
다른 일로 너무 바쁘게 살지 마십시오.

chapter 03

성품훈계란 무엇입니까?

1
성품훈계란?

훈계란 무엇일까요? 히브리어로 '훈계'의 뿌리인 '뮤카'는 '책망', '경고' 또는 '지도'라고 하며, '근신', '징벌', '확인', '정정', '가르침', '책망'이라는 뜻도 가지고 있습니다.

성품훈계란 '자녀가 좋은 성품으로 성장하도록 부모와 교사가 좋은 성품으로 가르치고 수정하고 훈련시키는 것(이영숙, 2005)'을 말합니다.

이것은 자녀에 대한 부모의 사랑과 관심이 담긴 것으로 부모가 적의와 불신감을 가지고 자녀를 징벌하는 것과는 다릅니다.

훈계 VS 징벌

훈계와 징벌의 차이를 표로 정리하면 다음과 같습니다.

징벌과 훈계		
	징벌	훈계
목적	위반에 대한 벌을 가함	교정과 성숙을 위해 훈련시킴
관심의 초점	과거의 잘못	미래의 바른 행위
태도	부모 편에서의 적의와 좌절감	부모 편에서의 사랑과 관심
아이에게 미치는 결과	두려움과 죄의식	안정감과 성숙함

하나님은 우리를 어떻게 훈계하실까요? 우리는 먼저 성경을 통해 하나님이 우리를 어떻게 훈계하는지 살펴보고 성경에서 우리가 자녀를 어떻게 훈계해야 할지 배울 수 있습니다.

성경은 세계적인 베스트셀러이며 역사 이래 가장 많은 사람들을 변화시킨 책입니다. 꼭 크리스천이 아니더라도 모든 부모들이 성경에서 이 훈계의 원리를 찾는 것이 가장 안전한 자녀 훈계법이 될 것이라고 확신합니다.

2

훈계는 왜 해야 할까요?

성경에 의하면 하나님은 사랑하는 자를 훈계하십니다.

"주께서 그 사랑하시는 자를 징계하시고 그가 받아들이시는 아들마다 채찍질하심이라 하였으니"(히 12:6)라고 쓰여 있습니다. 부모와 자녀의 관계도 마찬가지입니다.

부모는 자녀를 사랑하기 때문에 훈계하는 것입니다.

그러면 왜 하나님은 사랑하는 자를 훈계하실까요?

"그들은 잠시 자기의 뜻대로 우리를 징계하였거니와 오직 하나님은 우리의 유익을 위하여 그의 거룩하심에 참여하게 하시느니라"(히

12:10).

이 말씀을 통해 하나님은 우리의 유익을 위해서 훈계하신다는 것을 알 수 있습니다.

훈계의 목적

부모들은 자녀들의 유익을 위하여 훈계해야 합니다. 또한 다음과 같은 이유 때문에 훈계해야 합니다.

첫째, 자녀를 잘못됨으로부터 보호하여 더 멋진 사람이 되기를 소망하기 때문입니다.
"네가 네 아들에게 희망이 있은즉 그를 징계하되 죽일 마음은 두지 말지니라"(잠 19:18). 우리가 자녀를 훈계한다는 것은 자녀를 향한 우리의 소원을 포기하지 않는 증거입니다.

둘째, 자녀에게 지혜를 주기 위해서입니다.
"채찍과 꾸지람이 지혜를 주거늘 임의로 행하게 버려 둔 자식은 어미를 욕되게 하느니라"(잠 29:15). 부모의 훈계를 받으며 자란 자녀들은 사리 분별이 밝으며 삶을 향한 지혜가 있습니다.

셋째, 자녀가 성장하도록 독려하기 위해서입니다.
"아이의 마음에는 미련한 것이 얽혔으나 징계하는 채찍이 이를 멀리 쫓아내리라"(잠 22:15).

넷째, 부모가 줄 수 있는 최대의 영향력이기 때문입니다.
"마땅히 행할 길을 아이에게 가르치라 그리하면 늙어도 그것을 떠나지 아니하리라"(잠 22:6). 훈계는 부모가 줄 수 있는 영원한 가치입니다. 어렸을 때 받은 훈계는 자녀들에게 평생 영향력을 끼칩니다.
자녀를 바르게 훈계할 경우에는 그 훈계가 잘못된 것으로부터 자녀를 보호해 주며, 그 자녀가 지혜롭고, 바르게 자랍니다. 자녀의 잘못된 말과 행동을 고쳐주기 위한 훈계는 부모가 자녀를 사랑하는 최선의 표현이 되는 것입니다.

오늘날 아이들은 단순하지 않은 세상에 살고 있습니다. 그래서 부모들은 더 많은 관심과 사랑을 가지고 자녀를 대해야 합니다. 일부 부모들은 교사들이 그 아이의 모든 교육을 해결해 줄 전지전능한 능력자로 믿습니다. 그러나 자녀교육을 선생님에게만 맡겨서는 안 된다고 생각합니다.

자녀의 선생님이 어떤 가치관을 갖고 살아가는지도 모르는데 아이의 교육을 선생님에게만 의지하는 것은 위험한 일입니다. 부모가 확실한 지침과 신념을 갖고 자녀가 바른 길로 가도록 인도해야 합니다.

아이들이 하고 싶은 대로 내버려두지 마십시오. 아이들의 욕구대로 놔두는 것이 가장 좋은 교육법인 줄 생각하는 사람은 그 자녀 때문에 훗날 눈물을 흘리게 될 것입니다.

사실 우리는 좋은 부모가 되는 방법이나 자녀를 훈계하는 방법에 대해 잘 배우지 못했습니다. 대부분의 부모들은 그들의 부모가 자신을 양육한 방법과 자신이 알고 있는 상식의 한계 안에서 자녀를 훈계합니다.

그러나 무엇보다 자녀를 올바르게 양육하려면 부모는 자녀양육에 대해 많은 것을 배우고 노력해야 하며 '성품훈계법'을 터득해야 합니다. 왜냐하면 지혜로운 훈계는 자녀의 성품을 바르게 하고, 자녀가 부모의 말에 순종하도록 교육하기 때문입니다.

우리는 부모의 훈계가 자녀의 가치관이 된다는 사실과, 부모가 훈육하는 모습을 보며 자녀들은 하나님의 모습을 배워 나간다는 것을 알아야 합니다.

효율적인 부모 역할 훈련의 창시자인 토마스 고든(Thomas Gordon) 박사는 "부모에게 하나님은 13년의 유예 기간을 주었다"고 말했습니다. 자녀를 가르치는 기간은 영원한 것이 아니라 13년 동안이 가장 효과적으로 가르칠 수 있는 중요한 기간이라는 것입니다. 그렇기에 자녀가 사춘기에 접어들기 전에 부모와 자녀간의 친밀한 관계가 형성되어야 합니다. 사춘기 때 부모와의 친밀한 관계가 형성되지 못하면 아이들은 부모를 점점 멀리하면서 친구들 속에서만 위로를 찾고 집 바깥의 세계 속으로만 빠져들게 됩니다.

자녀의 나이가 13세를 넘기는 시점에서 훈계를 시작하려고 하면 이미 늦습니다.

그래서 부모는 자녀가 어렸을 때부터 분명한 일관성과 지침을 가지고 가르쳐야 합니다.

3
훈계는 왜 중요할까요?

① 훈계는 좋은 습관을 만듭니다

부모들은 자식의 잘못을 마땅히 야단치고 올바른 길로 인도해야 하는 의무가 있지만 지혜롭지 못한 부모들은 자녀를 계속 버릇없는 아이로 키우게 됩니다. 유명한 철학자 아리스토텔레스는 "사람의 우수성은 일회성에서 나오는 것이 아니다. 그것은 오랜 세월 동안의 반복적인 습관에서 나온다"라고 하였습니다. 부모가 원하는 훌륭한 자녀의 모습은 어느 날 눈을 떴을 때 갑자기 만들어지는 것이 아닙니다. 사람의 우수성은 갑자기 나타나는 것이 아니라 습관적인 반복에 의하여 만들어집니다. 그러므로 부모들은 자녀를 훌륭하게 키우기 위해 끊임없이 권고하고 반복 훈련을 시켜야 합니다. 아이들이 좋은 습관을 갖도록 훈련시키는 것이 바로 '훈계'입니다

그렇다면 어떻게 자녀의 인격을 존중하면서 효과적으로 훈계할 수 있을까요? 부모도 인간이기 때문에 완전하지 못합니다. 그리고 세상의 기준도 자주 바뀝니다. 철학도 변하고 사상도 변합니다. 그러나 변하지 않는 것이 있습니다. 그것은 바로 성경 말씀입니다. 우리가 성경 속에서 자녀교육의 원리를 찾는다면 내 자녀를 바르고 훌륭하게 양육할 수 있습니다.

성경의 가르침은 나의 말이나 나의 교육관이 아니라 변함없는 하나님의 말씀과 하나님의 가르침이기 때문입니다.

변함없는 가르침으로 내 자녀에게 지침을 주었을 때 그것은 아이에게 영원한 삶의 지표가 될 것입니다.

② 진리로 하는 훈계는 자녀의 생명을 살립니다

저는 유치원 교사 시절에 유치원에 일찍 오는 아이들에게 복음을 가르치고 싶은 마음이 있었습니다. 눈이 많이 내리던 어느 추운 겨울날이

었습니다. 나는 일찍 온 원아 몇 명에게 성경 말씀을 들려주었습니다.

"하나님이 이 세상을 만드셨단다. 그리고 사람을 만드셨지."

이때 한 원아가 대답했습니다.

"아니에요. 원숭이가 똑똑해져서 사람이 되었어요."

그 아이의 엄마는 자녀에게 진화론을 가르쳤기 때문에 아이는 원숭이가 사람의 조상이라고 알고 있었던 것이었습니다. 사실 진화론도 정확한 과학적 근거에 의해 밝혀진 진리가 아닌데도 말입니다. 제가 아무리 설명해 주어도 아이는 생각을 바꾸지 않고 자신의 생각을 고집했습니다. 이 일을 통해 아이들에게는 처음의 생각과 첫 경험이 굉장히 중요하다는 것을 다시 한 번 깨닫게 되었습니다.

우리가 어떤 생각을 갖고 출발하느냐에 따라 사람의 생각이나 인격은 달라집니다.

하나님이 우리를 만드셨다는 것을 전제로 해서 출발하면 어떤 일을 할 때 '내가 하나님 자녀인데, 이런 행동을 해도 될까?'라고 한 번쯤 자문하게 됩니다.

그러나 내 조상이 동물이라고 생각하면 동물처럼 생각 없이 행동해도 양심의 가책이 들지 않을 것입니다. 동물처럼 양육되어 서로 뺏고 물어뜯는 것이 인간의 본성인 것처럼 느끼게 될 것입니다. 이처럼 어떤 생각을 갖고 출발하느냐에 따라서 그 결과도 다릅니다.

내 자녀가 잘못된 지식 세계에 빠지기 전에 변하지 않는 영원한 진리 되신 하나님의 말씀에 근거하여 사고의 기반을 다지도록 양육해야 합니다.

③ 존중으로 하는 훈계는 자녀의 마음을 자라나게 합니다

부모인 우리는 자녀 앞에서 같은 문제에 대해서 어떤 때는 이렇게 말하고 어떤 때는 저렇게 말합니다. 그런데 우리의 자녀도 이와 같은 부모의 모습을 너무나 잘 알고 있습니다. 부모도 가끔은 사정이 여의치 않아서 자녀와의 약속을 지키지 못할 때가 있습니다. 그런데 자녀들은 예민하고 섬세하기 때문에 부모의 일관성 없는 언행에 대해 괴로워하게 됩니다.

자녀가 어렸을 때에는 그냥 지나칠지 모르지만 7세 정도만 되면 "지난번에는 엄마가 해도 된다고 했잖아!", "엄마는 왜 매일 말이 달라!", "아빠나 잘 하세요"라고 조목조목 따지게 됩니다. 아이들은 맑은 영혼을 갖고 있기 때문에 스펀지와 같은 흡수력을 지니고 있습니다. 그래서 자녀교육은 매우 중요합니다. 자녀교육이 아이들의 영혼과 생명에 도움을 주지 못하고 지식만을 주거나 일관성 없는 교육에 그친다면 교육의 효과를 기대할 수 없는 것입니다.

그렇다면 여러분은 자녀를 어떻게 키우고 싶으십니까? 하나님 앞에서 자녀를 키운다는 것은 부모와 자녀 사이에 '하나님'이라고 하는 커다란 매개자가 생기게 하는 것입니다. 인간인 부모의 말로 훈계하는 것이 아니라 하나님의 말씀으로 가르치는 것입니다. 하나님의 말씀은 변하지 않기 때문에 우리는 늘 안심하고 하나님 말씀을 훈계법으로 사용할 수 있는 것입니다.

성서적 훈계법은 자녀에게 단순히 성경을 알려 주는 것에 그치는 것이 아니라 성경의 올바른 가치관을 심어 주는 것입니다. 아이들을 야단치고 때리는 것이 훈계가 아니라 아이들의 마음을 존중하고 자라게 해 주는 것이 제대로 된 훈계입니다.

그리고 자녀의 연약한 모습이 보일 때마다 부모가 자녀의 손을 붙잡고 우리의 연약함을 도우시고 처리해 주시는 주님 앞으로 함께 나아가는 것입니다.

이렇게 자란 자녀는 부모가 없어도 자신의 모습 그대로 하나님 앞에 나아가 주님과 함께 동행하며 살게 됩니다.

이 책에서 지향하고자 하는 목표는 지시하고 명령하는 훈계법이 아니라 자녀를 존중하고 사랑하는 훈계법으로 부모와 자녀가 함께 하나님 앞에 설 수 있도록 돕는 것입니다.

변함없는 가르침으로

내 자녀에게 지침을 주었을 때

그것은 아이에게 영원한

삶의 지표가 될 것입니다.

chapter 04

성품훈계의
구체적 기술

1

성경에서 말하는 자녀훈계법

하나님의 훈계법

성경에서 말하는 훈계 방법은 어떤 것일까요? 이 장에서는 구체적으로 하나님은 어떻게 훈계하시는지 살펴보겠습니다.

첫째, 하나님은 우리를 인내로 훈계하십니다.

“유다의 왕 아몬의 아들 요시야 왕 열셋째 해부터 오늘까지 이십삼년 동안 여호와의 말씀이 내게 임하기로 내가 너희에게 꾸준히 일렀으나 너희가 순종하지 아니하였느니라 그러므로 여호와께서 그의 모든 종 선지자를 너희에게 끊임없이 보내셨으나 너희가 순종하지 아니하였으며 귀를 기울여 듣지도 아니하였도다"(렘 25:3-4).

하나님은 지도자들을 통해 부지런히 가르치고 일렀으나 백성들은 듣지 않았습니다. 그래서 하나님은 인내하며 부지런히 또 가르치고 또 가르치셨습니다. 하나님의 인내는 무궁하십니다. 성경에서는 천년을 하루처럼 여기시는 하나님의 모습을 볼 수 있습니다.

우리는 자녀를 양육하면서 얼마나 인내합니까? 저도 아들 셋을 기르면서 "하나님, 도대체 언제까지입니까?"라는 말이 나올 정도로 힘이 들 때가 있습니다. 아이들이 자라면 더 편해질 줄 알았는데 부모의 길은 끝없이 인내하며 기다리는 길인 것 같습니다. 자녀양육이란 자녀를 통해 부모의 성품을 성숙시키는 하나님의 특별 수업이라는 생각이 들 때가 있습니다.

어찌 보면 자녀는 부모가 눈을 감는 순간까지 인내해야 할 대상입니다.

그러나 '부모가 포기하지 않는 자녀는 절대로 망하지 않는다'라는 말이 있습니다. 부모 중 누군가 한 사람이라도 자녀를 포기하지 않고 계속적으로 사랑하고 믿어 준다면 자녀는 절대로 나쁜 길로 가지 않는다는 의미입니다.

그러나 아이에게 전혀 인내하지 않고 기대하지 않는 부모 밑에서 자란 아이는 사방을 둘러보아도 자신을 믿고 기다려 주는 사람이 없기 때문에 자포자기의 심정으로 살아가게 되는 것입니다.

우리가 성인이라고 일컫는 '어거스틴'은 술과 여자 등 욕망의 세계를 탐닉하던 사람이었습니다. 그럼에도 불구하고 그를 끝까지 포기하지 않고 기다려 준 사람이 있었는데 바로 그의 어머니 '모니카'였습니다. 모니카는 아들에 대한 소망을 놓지 않았던 유일한 사람이었습니다. 이 어머니 한 사람의 사랑과 기도가 있었기 때문에 어거스틴은 회개하고 돌이켜서 유명한 「참회록」을 썼고 훗날 사람들은 그를 '성인'이라고 부르게 되었습니다.

둘째, 하나님은 분명한 지침으로 훈계하십니다.

"…내가 네게 명령하여 이르게 한 모든 말을 전하되 한 마디도 감하지 말라 그들이 듣고 혹시 각각 그 악한 길에서 돌아오리라…"(렘 26: 2-3).

훈계는 분명한 지침이나 경고가 있어야 합니다. 여러분들은 분명한 지침을 가지고 자녀를 훈계하십니까? 어떤 때는 분명한 지침이나 경고도 주지 않은 채 아이가 하는 행동을 보고 화가 나서 감정적으로 아이를 때린 적은 없습니까? 만약 이런 경우가 있었다면 그것은 양육도 아니고 훈계도 아닙니다. 이러한 경우에 대개 아이는 화들짝 놀라서 자신이 무엇을 잘못했는지 모른 채 방어하고 변명하기에 바쁩니다. 이런 훈계는 부모와 자식 간의 관계만 악화시킬 뿐 좋은 관계를 형성하는 데 전혀 도움이 안 됩니다.

호세아 11장 4절에 "내가 사람의 줄 곧 사랑의 줄로 그들을 이끌었고…"에서 알 수 있듯이 하나님은 사랑의 줄로 우리를 훈계하십니다. 히브리서 12장 6절 "주께서 그 사랑하시는 자를 징계하시고 그가 받아들이시는 아들마다 채찍질하심이라 하였으니"에서 알 수 있듯이, 하나님은 사랑의 방법으로 징계를 택하셨습니다. 그러므로 부모들은 자녀들을 사랑으로 훈계해야 합니다. 자녀에게 매를 드는 것이 나쁜 것은 아니지만 반드시 사랑하는 마음으로 자녀에게 분명한 지침을 준 다음에 훈계해야 합니다.

예를 들어 자녀가 거짓말을 했을 때, 무조건 벌을 주거나 꾸중하기보다는 "네가 거짓말하는 것은 잘못이란다. 앞으로 거짓말을 하면 엄마가 벌을 세울 거야"라는 지침이나 경고가 먼저 있어야 한다는 것입니다.

대개 부모들 감정이 격분될 때의 상황을 보면 그들의 내면에 갖고 있는 쓴 뿌리가 자녀의 문제행동에 대한 분노와 함께 동일시되면서 분출됩니다. 이럴 때 아이들은 부모들의 스트레스를 받는 쓰레기통밖에 되지 않습니다.

'쓴 뿌리'라고 하는 것은 어렸을 때부터 받은 아픈 상처들이나 약점 그리고 정신적인 문제들이 마음속 깊은 곳에 내재되어 있는 내면의 상처들입니다.

나무의 뿌리를 생각해 봅시다. 나무의 뿌리는 땅 속에 숨어 있어서 그 뿌리의 개수와 정도를 예측할 수 없습니다. 그러나 땅속을 파 보면

이 뿌리가 깊게 뻗어 있다는 것을 알 수 있습니다. 이처럼 우리 안의 쓴 뿌리는 사람의 겉모습만으로 판단할 수 없습니다. 얌전하고 예의가 바른 사람이라도 내면에는 깊은 상처들이 있기 마련입니다.

자녀양육에 걸림돌이 되는 쓴 뿌리

몇 년 전, 일본에서 유치원 원아모집 기간에 충격적인 사건이 발생했습니다. 옆집 아이는 유치원에 합격하고 자기 아이는 떨어지자 떨어진 아이의 엄마가 합격한 옆집 아이를 살해한 것입니다. 여기서 우리가 생각해 볼 문제는 살인을 저지른 여인이 자기 아이는 유치원 원아모집에서 제외되고 옆집 아이만 유치원에 다니게 되었기 때문에 화가 나서 아이를 죽인 것이냐는 것입니다. 꼭 그렇지는 않습니다. 왜냐하면 그 여인의 마음속 깊은 곳에 있던 열등감과 패배감이 쓴 뿌리로 내면화되어 있다가 자신의 아이가 원아모집에서 제외되자 패배감과 동일시되어 옆집 아이를 죽인 것이기 때문입니다. 이것은 그 엄마가 갖고 있는 정신적 문제라고 할 수 있습니다.

어떤 사람은 학벌에 대한 피해의식이 있습니다. 예전에 이웃에 살던 한 아저씨는 집안 사정이 어려워 대학을 포기하고 고등학교 졸업 후 바로 직업 전선에 뛰어들었다고 합니다. 그런데 그 아저씨는 해마다 대학입시 때가 되면 괴로워하고 방황했습니다. 한 번은 늦은 밤에

술을 먹고 우리 집이 자기 집인 줄 알고 "문 열어! 문 열란 말이야!"라고 큰소리로 현관문을 두드리는 것입니다. 이를 이상하게 여긴 저는 그 집을 찾아갔습니다. 그랬더니 아주머니는 "우리 아저씨가요. 이때만 되면 이렇게 방황을 하고 힘들어해요"라며 자초지종을 설명해 주었습니다. 그 아저씨는 학벌 즉 대학에 대한 쓴 뿌리가 있었던 것입니다. 대학입시 때가 되면 내면에 갖고 있던 학벌에 대한 쓴 뿌리가 꿈틀거리면서 아저씨를 못 견디게 만들었던 것입니다.

그리고 어떤 사람은 가난에 대한 상처가 있는 사람이 있는가 하면, 어떤 사람은 성적 수치감을 쓴 뿌리로 가지고 있기도 합니다. 이들은 자신이 가지고 있는 비슷한 사건만 생겨도 몹시 힘들어합니다.

사람마다 각각 가지고 있는 약점이 있고 숨기고 싶은 부분이 있습니다. 대부분의 사람들은 쓴 뿌리가 없는 것처럼 보이기 위해 자신을 끊임없이 포장하며 살아갑니다. 그러나 이 쓴 뿌리를 해결하거나 풀지 않으면 사건이 생길 때마다 흔들리게 됩니다.

특히 부모들의 쓴 뿌리는 올바른 자녀양육을 방해하는 절대적인 원인이 되기도 합니다.

쓴 뿌리 없애는 방법

그렇다면 부모의 이러한 쓴 뿌리는 어떻게 해결해야 합니까? 연약한 인간의 힘으로는 도저히 해결하기가 힘듭니다. 그러므로 이 문제를 하나님께 가지고 나와서 "하나님, 저를 도와주세요"라고 기도하면 능력의 하나님께서 치유해 주실 것입니다. 또한 나를 이해하고 있는 사랑하는 사람들에게 과거의 상처를 모두 쏟아놓고 치유 받을 수 있습니다.

우리 모두는 사실 어떤 면에서 숨겨진 상처를 부둥켜안고 살아갑니다.

때론 이 상처가 우리 삶을 뒤흔들어 놓아서 분노의 형태로 사랑하는 자녀에게 쏟아질 때도 있습니다.

부모가 내면에 갖고 있는 정신적 피해의식은 쓴 뿌리가 되어 자식을 키우는 과정에서 자신도 모르게 반응합니다. 그것이 분노로 나타나 자녀에게 쏟아지는 경우가 너무나 허다합니다. 그러므로 이러한 쓴 뿌리를 없애는 것이 중요합니다. 먼저 부모들의 내적 치유가 이루어져야 자녀를 바르게 훈계할 수 있으며 자녀들의 몸과 마음도 건강해집니다.

좋은나무성품학교를 설립하여 성품을 가르쳐 오면서 느끼는 것은 어린이는 가르치는 대로 좋은 성품으로 변하는데 어른들은 참으로 변하기가 어렵다는 사실입니다. 그 이유가 무엇일까를 고심해 오다가 알게 된 사실이 있습니다. 어릴 적 상처가 내면의 어린아이로 자리 잡아 어른이 되어서도 치유 받지 못한 것이 문제였습니다. 그래서 '성품 치유 세미나'를 주기적으로 진행하여, 어른 안에 내재된 상처들을 치료하고 있습니다.

부모가 된 어른들은 비록 떠오르는 아픔이 있을지라도 더 이상 그것에 아파할 필요가 없는 일이라고 인정해야 합니다. 이미 성장한 어른으로서 상처를 위로하고 격려하는 건강한 자아 살리기 운동을 시작하셔야 합니다.

셋째, 하나님은 권고와 격려로 훈계하십니다.

"여호와께서 말씀하시되 오라 우리가 서로 변론하자 너희의 죄가 주홍 같을지라도 눈과 같이 희어질 것이요 진홍 같이 붉을지라도 양털 같이 희게 되리라 너희가 즐겨 순종하면 땅의 아름다운 소산을 먹을 것이요 너희가 거절하여 배반하면 칼에 삼켜지리라 여호와의 입의 말씀이니라"(사 1:18-20).

대부분의 부모들은 자녀가 문제행동을 했을 때 "말 들을 거야, 안 들을 거야!"라고 윽박지르기 일쑤입니다. 하지만 자녀가 문제행동을 보일 때 꾸중하기보다는 먼저 권고해 주고 격려해 주어야 합니다.

부모는 "네 아버지와 어머니를 공경하라 이것은 약속이 있는 첫 계명이니 이로써 네가 잘되고 땅에서 장수하리라"(엡 6:2-3)의 말씀을 들려주며 "네가 순종하면 이 땅에서 잘 되고 장수한다고 하신 하나님의 축복을 받게 될 거야"라고 말하고 그 아이가 가야 할 길의 방향을 제시해 주어야 합니다.

넷째, 하나님은 적합한 보상과 함께 훈계하십니다.

"자비로운 자에게는 주의 자비로우심을 나타내시며 완전한 자에게는 주의 완전하심을 보이시며 깨끗한 자에게는 주의 깨끗하심을 보이시며 사악한 자에게는 주의 거스르심을 보이시리니 주께서 곤고한 백성은 구원하시고 교만한 눈은 낮추시리이다"(시 18:25-27).

칭찬도 훈계의 범주

자녀가 착한 행동을 했을 때 부모는 그에 적합한 보상을 해 주어야 합니다. 반드시 잘한 행동을 했을 때 칭찬을 잊지 말아야 합니다. 그런데 대부분의 부모들은 자녀의 실수나 잘못에 대해 소리치고 매를 드는 것에는 익숙한 반면, 잘한 일에 대해 적합한 보상을 하는 것에는 인색합니다. 부모들은 훈계라고 했을 때 때리고 꾸중하는 것만 생각할 뿐 칭찬도 훈계에 포함된다는 사실을 알지 못합니다.

"우리 아이를 어떻게 야단쳐야 합니까?"라고 묻는 부모는 있어도 "우리 아이를 어떻게 칭찬해야 합니까?"라고 묻는 부모는 없습니다. 그러나 상과 벌이 동시에 이루어지는 것이 올바른 훈계입니다.

다섯째, 하나님은 공평함으로 훈계하십니다.

"…그러나 내가 법에 따라 너를 징계할 것이요 결코 무죄한 자로만 여기지는 아니하리라"(렘 30:11).

여러분은 형제와 자매 그리고 남매가 싸우면 어떻게 대처하십니까? 무조건 큰아이 편만 드는 아버지가 있는가 하면 동생 편만 드는 엄마가 있습니다. 그러나 편견 없이 공평한 가정이 되어야 합니다. 그 가정의 분위기가 그 사람의 분위기를 만들고 그 부모의 모습이 자녀에게 내면화 된 하나님의 모습으로 형성되기 때문입니다.

여섯째, 하나님은 사랑하는 관계를 통해 훈계하십니다.

"나는 그에게 아버지가 되고 그는 내게 아들이 되리니 그가 만일 죄를 범하면 내가 사람의 매와 인생의 채찍으로 징계하려니와 내가 네 앞에서 물러나게 한 사울에게서 내 은총을 빼앗은 것처럼 그에게서 빼앗지는 아니하리라"(삼하 7:14-15).

관계 맺기를 원하시는 하나님의 마음은 바로 사랑입니다. 하나님은 바로 이 사랑 때문에 "나는 그 아비가 되고 그는 내 아들이 되리니…" 하시며 관계를 맺어 주십니다. 그 사랑의 초청에 응답만 한다면 우리 모두가 바로 그 사랑의 관계 맺기에 성공한 사람들입니다. 관계에는 여러 가지가 있습니다. 그러나 그 중에서 가장 중요한 것은 사랑의 관계입니다. 어떤 사랑의 방법이나 기술보다 더욱 중요한 것이 바로 사랑의 관계입니다.

사랑이 없으면
울리는 꽹과리와 같다

아이들의 욕구와 부모의 욕구가 팽팽히 대립될 때 자녀양육이 참으로 곤혹스럽습니다. 그때 잊지 말아야 할 것도 사랑의 관계가 깨지지 않도록 기술을 발휘해야 한다는 것입니다.

사랑의 관계를 맺을 시간과 노력이 없다면 부모와 자녀의 관계는 깨지고 이 속에서의 훈계는 무의미한 울림으로 끝날 것입니다.

"사랑이 없으면 소리 나는 구리와 울리는 꽹과리가 되고"(고전 13:1 참조) 이것을 잊지 마십시오. 왜냐하면 조건 없는 무조건적인 사랑을 받은 사람은 건강한 자아를 형성하게 되고 자아존중감이 높은 사람으로 성장하기 때문입니다. 이런 자아존중감은 세상을 향한 자신감으로 표현되어 무슨 일을 하든지 누구를 만나든지 자기 일에 열정을 갖고 행복하게 살아갈 수 있습니다.

2

올바르게 자녀를 훈계하는 방법

훈계가 반드시 좋은 교육적 효과를 가져다주는 것은 아닙니다. 잘못된 훈계는 자녀에게 상처를 주며 잘못된 길로 이끄는 촉매제가 됩니다. 그러므로 부모들은 바른 방법으로 자녀를 훈계해야 합니다. 그러면 우리 자녀들을 잘 훈계하기 위해 어떻게 해야 하는지를 구체적으로 살펴봅시다.

올바른 자녀 훈계법

첫째, 온유함으로 훈계해야 합니다.

"형제들아 사람이 만일 무슨 범죄한 일이 드러나거든 신령한 너희는 온유한 심령으로 그러한 자를 바로잡고 너 자신을 살펴보아 너도 시험을 받을까 두려워하라"(갈 6:1).

아이들이 어떤 잘못을 저질렀을 때 부모는 분노한 심정으로 격노할 것이 아니라 온유한 마음으로 대해야 합니다. 만약 부모의 마음이 감정의 역류상태에 있다면 자녀 훈계는 나중으로 미루는 것이 낫습니다.

온유함이 주는 유익

저의 큰아들이 미국에서 공부할 때의 일입니다. 큰아들은 떠날 때 배낭 하나를 메고 혼자 비행기를 탔습니다. 비록 성인은 아니었지만 듬직하게 미국으로 떠났습니다. 저는 한국에서 전화로 아들이 어떻게 생활하고 있는지를 전해들을 수 있었습니다. 몇 달 후 저는 미국에서 세미나가 있어 겸사겸사 아들이 있는 곳에 들렀습니다. 그런데 공항에서 아들을 만나는 순간 왠지 낯선 느낌이 들었습니다. 노란색으로 물들인 머리부터 한국에 있을 때와는 분위기가 사뭇 달랐습니다.

그렇다고 오랜만에 만난 아들을 보고 "너 많이 달라졌구나"라고 말할 수 없어서 "반갑구나"라는 말로 먼저 인사했습니다. 그러나 제 마음속에는 걸림이 있었습니다. 그러다가 저는 우연히 아들의 가방에서 이상한 사진들이 실린 잡지책을 발견했습니다. 너무나 깜짝 놀라

얼른 잡지책을 가방에 도로 집어넣었습니다. 저로서는 처음 겪는 일이라 당황스러웠습니다. '이 일을 어떻게 처리해야 할까?, 화를 내야 할까? 내가 화를 내면 오히려 "엄마는 왜 내 허락 없이 가방을 열었어요?"라고 화를 내지는 않을까?' 등. 별별 생각이 다 들었습니다.

그러나 무턱대고 화를 낼 수가 없었습니다. 이미 미국에서 부모를 떠나 혼자 살아가는 방법을 터득하려 노력하는 아이인데 내가 야단을 치면 그 자리에서는 "엄마, 잘못했어요"라고 말할지는 몰라도 그 후에도 다시 그런 종류의 잡지책을 보지 않을 것이라고 확신할 수 없었기 때문입니다. 저는 아들에 대한 걱정으로 견딜 수 없는 며칠을 보냈습니다. 그리고 그 시간을 꾹 참고 인내하며 하나님께 지혜를 달라고 기도를 드렸습니다.

그러던 중 미국 체류의 마지막 날이 되었습니다. 저는 아들에게 밖에 나가 이야기를 하자며 한밤중에 데리고 나갔습니다. 어느 숲 속에 차를 주차시키고 우리 모자는 이야기를 나누었습니다.

"엄마가 너를 미국에서 처음 만났을 때 느낌이 이상했는데 그게 뭔지를 모르겠구나. 왠지 네가 하나님 앞에서 정결하지 못한 느낌이 있는데 왜 이런 느낌이 들까?"

"엄마, 사실은요. 제가 미국에 온 이후로 유혹이 많이 있었어요. 그러나 그때마다 한국에서 들은 부모님의 말씀을 생각하며 잘 참았어요. 더욱이 저는 몸으로 범죄한 적은 한 번도 없었어요."

아들은 또 이렇게 말했습니다.

"엄마, 그동안 이상한 유혹들 때문에 얼마나 힘들었는지 몰라요. 그러나 이렇게 엄마에게 털어놓고 나니까 마음이 후련하네요. 엄마 아들, 엄마가 걱정하는 그런 일은 없었으니까 걱정하지 마세요."

"네가 이야기해 주어서 고맙구나. 그런데 네가 끼고 있는 그 반지는 무엇이니?"

"이거 그냥 반지예요."

"그럼 이제부터 그 반지는 순결의 반지다. 그 반지가 결혼반지로 바뀔 때까지 네 몸을 순결하게 지키도록 약속하는 반지 말이야."

"예."

마지막으로 우리는 차 안에서 하나님께 기도를 드렸습니다. 회개하고 용서를 구하는 아들의 기도와 아들을 하나님께 의탁하는 엄마의 기도가 있었습니다. 그날 밤 우리 모자는 밤하늘의 별을 바라보며 참으로 많은 이야기를 했습니다. 자식을 키우면서 이처럼 힘들고 당황스러운 일이 왜 없겠습니까? 그러나 그런 때일수록 우리는 하나님께 기도하면서 온유한 마음으로 모든 상황에 대처해야 합니다.

둘째, 자녀를 실족케 해서는 안 됩니다.

"누구든지 나를 믿는 이 작은 자 중 하나를 실족하게 하면 차라리 연자 맷돌이 그 목에 달려서 깊은 바다에 빠뜨려지는 것이 나으니라 실족하게 하는 일들이 있음으로 말미암아 세상에 화가 있도다 실족하게 하는 일이 없을 수는 없으나 실족하게 하는 그 사람에게는 화가 있도다"(마 18:6-7).

우리들은 부모라는 이유로 자녀들을 실족케 하는 때가 많습니다. 자녀와의 약속을 지키지 않는 것과 분명한 지침을 주지 않고 회초리로 때리는 것은 아이들의 마음을 실족케 하는 것입니다.

셋째, 때에 알맞은 말로 훈계해야 합니다.

"온순한 혀는 곧 생명 나무이지만 패역한 혀는 마음을 상하게 하느니라"(잠 15:4).

"눈이 밝은 것은 마음을 기쁘게 하고 좋은 기별은 뼈를 윤택하게 하느니라"(잠 15:30).

"사람은 그 입의 대답으로 말미암아 기쁨을 얻나니 때에 맞는 말이 얼마나 아름다운고"(잠 15:23).

"선한 말은 꿀송이 같아서 마음에 달고 뼈에 양약이 되느니라"(잠 16:24).

부모는 아이들의 마음이 움직일 수 있도록 지혜로운 언어를 사용해야 합니다. 이것이 바로 건강한 훈계법입니다. 부모가 무심코 사용한 말이 자녀의 마음을 상하게 할 수 있습니다. 자녀를 꾸중할 때는 어른하고 이야기하듯이 자녀의 인격을 존중하며 이야기해야 합니다. 신중하게 예를 들면서 침착하게 이야기해야 합니다. 훈계라고 소리를 빽빽 질러가면서 하면 안 됩니다. 훈계가 적중할 때는 때에 맞는 말을 썼을 때입니다.

3

훈계의 3단계를 아시나요?

성공적인 자녀 훈계를 위한 단계가 있습니다. 우리가 계단을 올라갈 때 한꺼번에 몇 개의 계단을 오를 수 없듯이 자녀 훈계도 순차적으로 단계를 밟는 것이 중요합니다. 바람직한 훈계의 3단계는 다음과 같습니다.

1단계
가르침의 단계

이 단계는 자녀에게 훈계에 대한 지침과 정보를 주는 것을 말합니다.

이것은 부모가 일상생활 속에서 말을 통해 가르칠 수 있으며 부모 스스로 모범을 보임으로 전달할 수 있습니다. 보통 부모는 자녀가 잘못된 행동을 할 때에만 가르침을 주는 것이 아니라, 식사를 할 때나 잠자리에 들 때, 여행을 갈 때 등 일상생활 속에서 자녀에게 가르침을 줄 수 있습니다. 또 자녀가 어떤 잘못이나 실수를 저질렀을 때에도 이를 좋은 교육의 기회로 활용할 수 있습니다. 편안하고 일상적인 상황에서 아이들에게 가르쳐 주는 한 마디 한 마디는 그 아이가 성장하는 데 큰 도움을 줍니다.

2단계
훈련의 단계

이 단계는 자녀 스스로 실천하는 단계입니다. 부모는 계속해서 자녀가 합당한 행동을 할 수 있도록 반복적인 연습을 시켜야 합니다. 한 번 부모가 지침을 주었는데도 자녀가 제대로 행하지 않았다고 해서 화를 내면 안 됩니다. 다시 지침을 주어 일깨워 주고 반복시키며 경고하는 것이 바람직합니다. 부모가 지침을 준 것을 자녀가 잘 실천하였다면 보상을 주는 것도 좋은 방법입니다. 자녀가 착한 행동을 했을 때 부모는 그에 적합한 보상을 주어야 하는데 가장 좋은 방법은 칭찬하는 것입니다. 그리고 잘못된 행동을 했을 때는 무엇이 잘못되었는지 자녀가 이해할 수 있는 수준에서 설명해 주어야 합니다.

3단계
교정의 단계

자녀가 부모의 훈련을 잘 따르게 하기 위해 구체적인 행동을 취하는 단계입니다. 이러한 교정의 단계에서 행할 수 있는 구체적인 방법은 다음과 같습니다.

	정의	구체적 방법
1단계 가르침 (Instruction)	• 지식이나 정보를 전달 • 본을 보이거나 가르치거나 명령함으로 아이를 준비시킴	■ **부모에 의한 본** 부모는 아이에게 설정한 기준에 따라 스스로 본을 보이며 산다. ■ **비형식적 지도** 부모는 매일의 사건이나 상황을 통해 비형식적으로 지도하며 자신의 가치나 기준을 나눌 기회를 만든다. ■ **정규 가르침** 아이를 지도하고 가르칠 시간을 따로 떼어둔다.
2단계 훈련 (Training)	• 아이로 하여금 습관을 들이게 하고 지도받은 영역에 숙달되도록 돕는다.	■ 아이들과 함께 실행하면서 지도한다. ■ 한 번에 한 단계씩 좀 더 복잡한 과제나 개념들을 가르쳐간다. ■ 지식을 더하고 잘못된 개념을 정리하기 위해 대화를 나눈다. ■ 아이에게 가르치고 있는 기술에 있어서의 아이의 능력을 평가한다. ■ 훈련단계에서 보상은 매우 효과적인 방법이 된다.
3단계 교정 (Correction)	• 앞서 행해진 지도나 훈련을 잘 따르도록 행동을 취함으로써 아이의 행동을 교정하거나 적응시킨다.	■ 교정의 방법으로는 아래의 것들이 있다. • 직접적이고 단호한 의사소통 • 매(체벌) • 자연적 귀결 • 논리적 귀결 • 소멸(무시)

사랑의 관계를 맺을 시간과 노력이 없다면
부모와 자녀의 관계는 깨지고
훈계는 무의미한 울림으로 끝날 것입니다.

chapter 05

교정과 보상이란?

1

교정이란 무엇일까요?

교정이란?

"교정이란 자녀의 의지를 교정하는 도구입니다. 따라서 교정의 목적은 자녀의 의지를 바로잡아 주어 자녀들을 훈련시키는 데 있습니다."

_듀안 쿠드버슨

어떤 일들은 그것이 성취되기까지 많은 훈련을 요구합니다. 특히 어린 자녀들의 경우에는 아직 도덕성에 대한 경계가 모호하고 의지력도 약하기 때문에 부모가 많은 훈련을 통해 올바르게 양육해야 합니다. 이것이 바로 '교정'에 대한 바른 해석입니다.

교정은 자녀에게 벌을 주고 매를 드는 데 목적이 있는 것이 아니라 효과적으로 자녀의 잘못된 행동을 변화시키는 방법을 알려 주어 부모와 자녀의 갈등을 최소화시키는 데 있습니다. 우리는 교정에 대한 하나님의 관점들을 성경에서 찾아볼 수 있습니다.

"아이의 마음에는 미련한 것이 얽혔으나 징계하는 채찍이 이를 멀리 쫓아내리라"(잠 22:15).

"채찍과 꾸지람이 지혜를 주거늘 임의로 행하게 버려 둔 자식은 어미를 욕되게 하느니라"(잠 29:15).

"매를 아끼는 자는 그의 자식을 미워함이라 자식을 사랑하는 자는 근실히 징계하느니라"(잠 13:24).

성경적 훈계는 교정을 포함하고 있습니다. 물론 그 교정은 위의 말씀에서도 알 수 있듯이 부모가 자녀를 '사랑하는 마음'으로 행하는 교정입니다.

교정의 목적은 부모의 감정을 분출하는 통로가 아니라 자녀의 잘못된 의지와 태도를 사랑으로 바로잡아 좋은 습관을 훈련하는 것입니다.

교정의 올바른 단계

첫째, 부모는 자녀가 잘못된 행동을 했을 때 어떻게 반응할 것인지 미리 교정에 대한 계획을 세우고 있어야 합니다.

만일 이러한 계획과 기준이 명확하지 않으면 자녀가 잘못을 저지를 때마다 놀라고 당황하게 됩니다. 그러다 보면 신속하고 효과적으로 대처하지 못하고 부모 자신의 감정이나 기분과 상황에 따라 야단치게 되며 목소리만 높이게 됩니다. 그리고 무엇보다 기준이 없기 때문에 아이가 저지르는 잘못에 따라 말을 바꾸어가며 훈계하게 됩니다. 이런 부모의 훈계를 들으며 성장하는 아이는 올바른 가치관과 인격을 쌓을 수 없습니다.

둘째, 부모는 자녀가 잘못을 저질렀을 경우에 어떤 교정이 있을지 미리 알려 주어야 합니다.

이것은 어떤 잘못에 대하여 내려지는 교정의 종류를 아이가 알게 하는 데 목적이 있는 것이 아니라 자신이 무엇을 잘못했는지를 마음속으로 생각하고 깨닫고 인정하게 하는 데 있습니다. 그래야 아이가 징계에 대한 두려움 때문에 마지못해 행동하는 것이 아니라, 진심으로 행동할 수 있게 됩니다.

셋째, 부모가 경고를 주었지만 자녀가 계속적으로 거역한다면 부모가 갖고 있는 교정의 계획대로 단호히 실천할 필요가 있습니다.

부모가 "다시 그렇게 하면 네가 좋아하는 TV를 한 시간 동안 못 보게 할 거야"라고 말했다면 그렇게 실천해야 합니다. 귀찮거나 바빠서 징계에 대한 실천을 게을리 해서는 안 됩니다. 만약 부모가 단호히 실천하지 못한다면 자녀의 잘못된 버릇을 바로잡기는 점점 더 어렵게 됩니다. 이것은 자녀의 잘못이 아니라 제대로 징계하지 않은 부모의 잘못입니다.

넷째, 교정을 하기 전에 부모가 자녀에게 묻는 확인 과정이 필요합니다.

"엄마가 지난번에 뭐라고 했지? 네가 엄마 말에 순종하지 않으면 엄마가 매를 든다고 했던 것을 기억하니?" 만약 아이가 기억하지 못한다면 이런 확인 절차를 통해서 다시 한 번 분명하게 각인을 시켜주어야 합니다. 이를 통해 자녀는 변함없는 부모의 계획과 기준을 알 수 있게 됩니다.

다섯째, 자녀가 잘못했을 때는 엄한 태도로 교정해야 합니다.
교정을 하는 부모가 흔들림을 보인다거나 준엄함이 없다면 아이에게 그 훈계의 참뜻이 전달되기 어렵습니다.

여섯째, 교정을 한 후에는 훈련의 단계와 마찬가지로 부모가 자녀를 사랑하고 있다는 것과 사랑하기 때문에 징계했음을 알려 주어야 합니다.

어린 자녀들은 마음이 여리고 가치관이 명확하지 못하기 때문에 징계를 받으면서 마음의 상처를 입기가 쉽습니다. 따라서 이 단계를 소홀히 하면 아이의 마음속에 상처로 남게 됩니다.

일곱째, 교정 단계에서 그치지 말아야 합니다.

만약 집안을 어질러 놓았다는 이유로 교정을 했다면 교정하는 데서 그치지 말고 징계가 끝난 후에는 반드시 자녀가 집안을 정리하도록 해야 합니다.

교정의 방법

그렇다면 구체적으로 교정은 어떻게 해야 할까요? 교정의 구체적인 방법에 대해 서술해 보겠습니다.

첫째, 자녀의 잘못을 다루되 자녀의 인격은 존중해야 합니다.

어린 자녀라 할지라도 그들의 인격 자체를 소중하게 다루며 존중하는 태도는 건강한 자아존중감을 갖게 할 뿐만 아니라 효과적인 훈계가 됩니다.

둘째, 상벌의 내용과 시기에 맞아야 합니다.

작은 일에 지나치게 큰 상을 내린다든지 실수로 잘못한 일에 대해서 지나치게 엄하게 꾸짖어서는 안 됩니다. 상과 벌은 자녀의 행동에 맞게 주어야 합니다.

셋째, 불가피하게 자녀를 때려야 한다면 몸을 다치지 않는 '물건'인 회초리나 막대기를 사용해야 합니다.

문방구에서 파는 '글루스틱'도 좋습니다. (글루건에 녹여서 사용하는 막대기 풀) 부모의 손이나 발로 자녀를 때려서는 안 됩니다. 부모의 신체는 사랑의 표현으로 기억되게 하십시오. 자녀의 신체를 함부로 때려서는 안 됩니다. 가장 안전한 부위인 엉덩이로 제한하는 지혜가 필요합니다.

넷째, 자녀를 존중하는 마음을 가져야 합니다.

자녀가 부모를 존중해야 하듯이 부모도 자녀를 존중해야 합니다. 자녀가 무엇을 원하는지, 왜 그런 행동을 했는지 유심히 관찰하고 자녀의 감정을 존중해야 합니다.

다섯째, 자녀가 자신의 잘못을 깨달았더라도 징계는 이루어져야합니다.

다만 이런 말을 반드시 해주어야 합니다. "엄마는 네가 잘못을 깨닫는 순간 이미 널 용서했어. 하지만 약속은 반드시 지켜야 돼. 지난번에 어떤 벌을 받는다고 했지?"

간혹 부모의 무서운 얼굴이나 매를 드는 행동으로 인해 우는 아이가 있습니다. 이때 정말 겁이 나서 우는 아이도 있지만 부모의 의지를 꺾기 위해 일부러 우는 행동을 보이는 아이도 있습니다. 그러나 이런 상황에서 부모는 아이가 우는 것을 받아들여서는 안 됩니다. 자녀에게 자신이 느끼는 부당함에 대해 부모에게 분명히 말할 수 있는 기회를 주는 것이 좋습니다.

잘못된 교정의 유형

그렇다면 잘못된 징계의 유형에는 구체적으로 어떠한 것들이 있는지 알아보겠습니다.

첫째, 부모의 감정으로 자녀를 체벌하지 말아야 합니다.

특히 신체적인 벌을 가할 때는 항상 자제력을 잃지 말아야 합니다. 만약 부모의 감정이 격해 있는 상황이라면 즉시 자녀를 꾸중하거나 때리지 말고 감정을 가라앉힌 다음에 교정해야 합니다.

둘째, 지나친 교정은 반드시 삼가야 합니다.

심한 교정을 받고 자란 자녀는 고집 센 사람이 될 수 있습니다. 사소한 일에 매질을 하거나 심한 꾸지람을 한다면 그 아이는 마음에 상처를 입게 될 것입니다.

셋째, 근거 없이 벌을 주어서는 안 됩니다.

부모의 근거와 논리가 자녀를 이해시키고 설득시킬 수 있어야 아이의 잘못된 마음을 움직이는 참된 훈계로 이어질 수 있기 때문입니다.

넷째, 조건부 약속은 삼가야 합니다.

성품훈계는 자녀를 사람다운 사람으로 성장하게 하려는 그 목적 자체가 되어야 할 뿐 부모와 자녀 사이의 어떤 타협이나 수단이 되어서는 결코 안 됩니다.

다섯째, 결과에만 초점을 두고 자녀를 나무라지 말아야 합니다.

노력이 아니라 결과만을 가지고 징계 여부가 결정된다면 결과를 만드는 과정에서 벌어질 수 있는 실수나 실패에 대한 두려움 때문에 자녀는 더욱 위축될 수 있습니다.

여섯째, 자녀의 기질을 배려하지 않고 절대적인 기준만을 내세우는 것을 삼가야 합니다.

자녀의 기질이나 소질을 고려하지 않고 부모가 임의대로 기준을 정한다면 자녀에게 엄청난 부담과 좌절을 줄 수 있습니다. 모든 자녀들은 각자의 타고난 기질이 있습니다. 기질에 따라 교정의 방법이나 강도도 달라야 합니다. 기질에 따른 성품훈계법은 6장에서 다루기로 하겠습니다.

바람직한 교정을 위한 실제적 방법들

첫째, 불순종에 대한 책임을 설정하십시오.

예를 들면 "너 왜 그랬니?"라고 묻는 것은 좋은 방법이 아닙니다. 자녀에게 변명과 거짓을 유도할 수 있기 때문입니다. 하나님께서 범죄한 아담에게 하셨던 것처럼 "네가 어디 있느냐?", "네가 무엇을 했니?", "너 지금 무엇을 했는지 알고 있니?"라고 물어서 자녀 스스로 자신의 양심에 귀를 기울이게 하고 잘못을 말하게 하는 것이 좋습니다.

둘째, 자녀와 둘만 있을 때 교정하십시오.

엄마가 교정할 때 다른 식구가 간섭하지 마십시오. 아빠가 교정할 때 엄마가 아이 편을 들거나 엄마가 교정할 때 할머니가 아이 편을 들면 아이는 눈치로 자신을 변호해 줄 사람을 찾게 되고 버릇이 나빠지며 점점 다루기 힘든 아이로 변할 수 있습니다.

셋째, 교정할 때 얼굴 표정에도 유의하십시오.

성경에 나오는 에스라 선지자는 이스라엘 백성의 범죄함이 나의 죄에서 비롯된 것이라고 슬퍼하면서 옷을 찢고 무릎을 꿇고 울고 참회하면서 백성들에게 회개를 촉구했습니다.

"저녁 제사를 드릴 때에 내가 근심 중에 일어나서 속옷과 겉옷을 찢은 채 무릎을 꿇고 나의 하나님 여호와를 향하여 손을 들고"(스 9:5).

"에스라가 하나님의 성전 앞에 엎드려 울며 기도하여 죄를 자복할 때에 많은 백성이 크게 통곡하매…"(스 10:1).

자녀의 범죄함을 인하여 하나님께 울며 기도하는 부모의 모습이 참으로 아름답지 않습니까? 우리 주님은 이런 부모의 기도를 들으시고 그 자녀를 책임지십니다. "너희 자녀를 위하여 울라"는 것은 하나님의 명령입니다. 그러므로 죄를 다루는 부모의 모습은 엄숙하고 슬픈 표정이어야 합니다.

넷째, 징계의 원인이 사랑임을 알게 하십시오.

"주께서 그 사랑하시는 자를 징계하시고 그가 받아들이시는 아들마다 채찍질하심이라 하였으니"(히 12:6). 부모가 사랑하기 때문에 징계함을 자녀가 알게 하십시오.

다섯째, 하나님을 궁극적 권위로 설정하십시오.

부모는 자녀의 영원한 보호막이 될 수 없습니다. 아이로 하여금 가장 최고의 권위로서 하나님을 인정하게 하십시오. 부모 앞에서 자녀를 키우지 말고 하나님 앞에서 자녀를 키우십시오.

칼빈의 인생 원칙은 '하나님 앞에서'였습니다. 부모는 자녀를 영원히 지키지 못해도 그 자녀를 늘 보호하시며 지키는 분은 하나님이십니다. 그러므로 부모 된 우리는 하나님께 자녀를 맡기고 자녀로 하여금 늘 하나님 앞에서 하나님의 권위에 순종하도록 가르쳐야 합니다. “엄마는 널 절대로 용서할 수가 없어”라는 말을 사용하는 대신에 “하나님께 잘못했지? 우리 함께 기도하자. 하나님은 자백하면 우리 죄를 용서해 주셔”라고 말해 주어야 합니다. 이것이 성서적 훈계법입니다.

어려서부터 ‘하나님 앞에서’라는 개념으로 키운 자녀들은 선과 악에 대한 분별력의 기준을 분명하게 갖고 자라게 됩니다. 부모가 없어도 하나님의 보호와 사랑을 늘 인식하는 안정감 있는 자녀로 자라게 될 뿐만 아니라 아무도 보지 않는 곳에서도 자신이 행해야 할 행동과 하지 말아야 할 행동에 대한 분별력을 소유하게 됩니다.

여섯째, 고의적인 반항이나 지속적인 불순종일 때는 매를 사용하십시오.

잠언 13장 24절과 19장 18절 그리고 20장 30절은 사랑하는 자녀에게 매를 사용하도록 가르치고 있습니다. 그러나 이 방법은 10세 이전의 아이들에게만 효과가 있음을 잊지 마십시오. 어린 자녀들은 이 경험이 감각적으로 깊이 각인되어 자신의 것이 됩니다. 사랑으로 경험한 체벌은 평생을 살아가는 데 큰 약이 되고 좋은 지침이 됩니다. 그러나 자녀가 10세가 넘어도 이런 방법을 사용한다면 반발심과 반항심을 가져오게 됩니다. 10세가 넘어서는 대화를 사용하여 논리적으로 자신의 행동을 반성하고 정리하게 하는 것이 더 유익합니다.

체벌을 하게 될 때에는 절대로 손으로 때리지 말고 반드시 약속된 도구를 사용해야 합니다. 예를 들면 사랑의 매를 준비하여 특정한 곳에 두고 필요할 때 사용하는 것이 좋습니다. 사랑을 표현하기 위해 머리를 쓰다듬던 손으로 체벌을 한다면 어린 자녀들은 혼란스러울 것입니다. 부모의 손은 사랑스런 자녀를 쓰다듬고 안아 주는 것으로만 기억되게 하는 것이 좋습니다.

사랑의 매를 사용하는 원칙이 있는 가정에서는 부모가 몹시 화가 나 있더라도, 자녀가 다른 곳에 보관된 매를 가지러 가는 동안 마음이 진정되고 이성을 찾게 되는 경우가 생기기도 합니다. 약속된 징계는 반드시 이행해야겠지만 지나치게 징계하지는 마십시오.

일곱째, 벌도 절대로 즉흥적으로 해서는 안 됩니다.

특히 체벌할 때는 부모의 이성을 최대한 살려야 할 순간입니다. 어느 교육학자는 "화가 났을 때 하나부터 열을 셀 수 없는 사람은 부모가 될 자격이 없다"고 했습니다. 그리고 "네가 또다시 이런 잘못을 저지른다면 엄마는 반드시 ~할 거야"라고 말했다면 이를 반드시 이행해야 합니다. 그러나 처음부터 너무 무리하고 과한 징계를 약속하지는 마십시오. 이룰 수 없는 징계를 엄포나 협박으로 사용하다가 흐지부지 마무리한다면 그만큼 부모님의 권위가 상실됩니다.

여덟째, 벌을 주고 난 후에 바로 위로하십시오. 기도로 마무리하고 자녀와 함께 있어 주십시오.

교정 후에 "꼴도 보기 싫어, 나가버려", "네 방으로 가있어"라고 하는 말들은 아이에게 깊은 상처가 됩니다. 거절을 느끼게 되면 자신의 존재에 대한 잘못된 인식을 갖게 됩니다. 하나님께 용서를 구하는 기도를 해 주고 사랑하기 때문에 징계했음을 분명히 알려 주며 잠시 동안 자녀와 함께 있어 주십시오. 이럴 때 아이는 안도감을 느끼게 되고 징계 후에 더 많은 사랑을 느끼게 될 것입니다.

아홉째, 보상 문제를 함께 토의하십시오.

아이의 잘못으로 인하여 보상해야 할 것이 있다면 아이와 의논하십시오. 아이가 모르게 부모가 임의로 처리하는 것보다 아이와 함께 토론하는 중에 아이 마음속에 자기가 한 일에 대해 책임을 지게 하는 것이 좋습니다.

열째, 징계가 부모의 오해에서 연유한 것이면 용서를 비십시오.

만약 잘못된 징계를 하였다면 비겁하게 얼버무리지 말고 솔직하게 자녀에게 용서를 구하십시오. 이때 부모와 자식 간의 깊은 신뢰감이 싹트게 됩니다.

열한째, 훈계하지 않는 부모가 받을 심판을 잊지 마십시오.

"내가 엘리의 집에 대하여 말한 것을 처음부터 끝까지 그 날에 그에게 다 이루리라 내가 그의 집을 영원토록 심판하겠다고 그에게 말한 것은 그가 아는 죄악 때문이니 이는 그가 자기의 아들들이 저주를 자청하되 금하지 아니하였음이니라"(삼상 3:12-13).

엘리 제사장, 사무엘, 다윗 왕의 가문을 살펴봅시다. 자신들은 하나님이 주신 위대한 직임들을 수행했지만 자녀교육에는 똑같이 실패함으로 비극적인 결말을 맺게 됩니다. 내 삶의 진정한 평가는 자녀를 통해서 이루어진다는 것을 잊지 마십시오. 자녀는 바로 우리 삶의 열매이며 부모들의 면류관입니다.

교정의 유형

교정에는 여러 가지 유형이 있습니다. 그 중에서도 가장 많이 사용되면서 효과적인 유형들을 소개하도록 하겠습니다. 분명한 대화(communication), 체벌(매), 자연적 귀결과 논리적 귀결, 소멸(무시), 타임아웃(Time-out) 등을 순서대로 살펴보도록 하겠습니다.

① 분명한 대화(communication)

대화란 지식이나 정보를 나누고 서로의 의견이나 생각을 교환하는 것을 말합니다. 우리는 정보를 나눌 때 서로를 이해하게 됩니다. 자녀를 교정할 때 사용하는 의사소통은 직접적이고 단호해야 합니다. 말의 어조는 엄한 어조를 사용하십시오. 거칠고 분이 나있는 말투는 아이의 행동을 바꾸지 못합니다. 그러나 엄한 어조는 꼭 필요합니다.

특히 고집이 센 자녀에게는 더욱 효과적입니다. 말투뿐 아니라 훈육하는 사람의 태도도 아주 중요합니다. 눈 맞춤을 하고 이야기를 하십시오. 아이의 키가 작을 때에는 그의 눈높이에 맞추어 아이의 눈을 똑바로 쳐다보며 이야기하십시오. 몸의 자세는 아이를 향해 기울이고 아이에게 가까이 있으십시오.

효과적으로 지시하기(command)

부모들은 자녀에게 분명하고 단호한 지시나 명령을 할 수 있어야 합니다. 모든 부모에게 해당되지만 특히 다루기 힘든 자녀를 둔 부모는 명료하고 효과적인 지시나 명령을 할 때 그들의 행동을 더 잘 수정할 수 있습니다. 효과적으로 명령하는 방법은 다음과 같습니다.

첫째, 아이에게 지시(command)할 때는 바람의 형식으로 말하지 말고 단호하고 간결한 형식으로 말하십시오. 예를 들어 "엄마는 네가 동생을 그만 깨물었으면 좋겠다"라고 말하는 것보다 "동생을 깨물지 마라"고 하는 것이 더 효과적입니다.

둘째, 부모가 원하는 것을 구체적으로 설명하십시오. 예를 들어 "바르게 행동해라"라는 말보다는 "의자 위에서 뛰지 말고 발을 예쁘게 내리고 앉아"라고 말하는 것이 더 효과적입니다.

셋째, 애청하거나 수를 세지 마십시오. 예를 들어 "밥 먹으러 와라, 밥 먹으러 오라고 했지? 엄마가 열을 셀 때까지 오는 게 좋을 거야. 하나, 둘, 셋…"보다는 "지금 바로 밥 먹으러 와라"고 단호하게 말하고, 그래도 아이가 오지 않으면 당신이 취할 행동이 무엇인지 말해 주는 것이 좋습니다. 이를테면 "지금 바로 밥 먹지 않으면 엄마는 밥을 치울 것이고 너는 오늘 저녁을 못 먹게 될 것이다"라고 말합니다.

넷째, 회유적인 질문은 피하고 대신 "우리의 규칙은~", "엄마는 하지 않을 것이다", "너는 ~해 주어야겠다"는 표현 등으로 당신의 요구를 밝히십시오. 예를 들어 "너는 이제 자야 하지 않을까?", "이제 자고 싶지 않니?", "늦었다. 이제 자는 게 어떨까?"보다는 "지금은 잠자리에 들어야 할 시간이다. 우리의 취침시간은 8시 30분이지?"라고 말하는 것이 더 효과적입니다.

다섯째, 아이의 행동 변화를 기대하면서 단 한번만 요구하고 동일한 요구를 거듭 말하지 마십시오. 예를 들어 "하종아, 문 좀 닫아줘라"고 했을 때 만약 하종이가 문을 닫지 않으면 다시 요구하지 않는 것이 효과적입니다.

여섯째, 협박은 하지 마십시오. 그리고 당신이 실제로 취할 행동을 말하십시오. 예를 들어 "그만두지 않으면 매 맞는다!" 그래도 아이가 계속 그 행동을 할 때는 "엄마 따라 와!" 하고 미리 약속한 매를 드는 것이 효과적입니다.

② 체벌(매)

매를 때릴 때는 손으로 때리지 말고 채찍을 사용해야 합니다. '채찍'이란 말은 히브리어로 '나뭇가지'나 '막대'를 의미합니다. 자녀의 행동을 수정하기 위하여 부득이하게 매를 들 때에는 채찍을 사용하는 것이 좋습니다. 부모님들의 손은 사랑을 표현하는 수단으로 남겨 놓으십시오. 성경은 부모들에게 훈육의 방법으로 매를 사용할 것을 다음과 같이 말하고 있습니다.

"채찍과 꾸지람이 지혜를 주거늘 임의로 행하게 버려 둔 자식은 어미를 욕되게 하느니라"(잠 29:15).

“아이의 마음에는 미련한 것이 얽혔으나 징계하는 채찍이 이를 멀리 쫓아내리라”(잠 22:15).

“매를 아끼는 자는 그의 자식을 미워함이라 자식을 사랑하는 자는 근실히 징계하느니라”(잠 13:24).

매를 들 때 부모는 다음과 같은 원리들을 생각해야 합니다.

첫째, 분이 난 상태에서는 때리지 마십시오.

분이 조절되지 않고 부모의 이성을 찾을 수 없을 때는 결코 아이를 때려서는 안 됩니다.

둘째, 매를 들 수 있는 시기가 있음을 아십시오.

매는 10세 이전까지로 제한되어야 합니다. 10대들에게 매를 들어서는 안 됩니다.

셋째, 아이가 당신의 권위에 공공연히 대들 때는 매를 드십시오.

의도적으로 혹은 계획적으로 반항할 때는 매로 다스리십시오.

넷째, 상황과 자녀의 기질을 살펴 매를 사용하십시오.

자녀들의 상황과 기질을 잘 살피면서 조심스럽게 사용하십시오. 모든 잘못된 행동에 대해 습관적으로 매를 드는 것은 경계해야 합니다.

다섯째, 매를 드는 순서와 방법에 따라 지혜롭게 하십시오.

아이가 9-18개월 사이라면 '안 돼'라는 단어를 이제 막 배우기 시작하는 시기입니다. 이때는 '안 돼'라고 말하고 아이의 손등을 때리면 아이는 '안 돼'라는 단어와 연결된 고통을 배우게 됩니다.

여섯째, 아이가 혼자 있을 때 하십시오.

아이도 자존심이 있는 인격적 존재라는 것과 하나님의 자녀인 것을 잊지 마십시오.

일곱째, 교정하기 전에 당신의 교육을 아이가 이해하고 있는지 확인하십시오.

"우리 규칙이 무엇이지?", "엄마(아빠)가 뭐라고 하셨지?", "우리가 어떻게 약속했지?"라고 먼저 물어보십시오. 그리고 크리스천 부모라면 "하나님은 이 문제를 뭐라고 말씀하시는지 보자"고 하면서 성경의 가르침을 찾아 읽게 합니다.

여덟째, 자녀로 하여금 자신의 행동에 책임을 지게 하기 위해서 "네가 어떻게 했니?", "네가 무엇을 했지?"라고 물어보십시오.

아홉째, 훈육하고 있는 그 순간에도 똑같이 사랑하고 있다고 아이에게 말해 주십시오.

열째, 그런 다음에 매를 듭니다. 재빠르게 엉덩이나 안전한 곳을 선택하여 때리십시오.

열한째, 매를 때린 후에 즉시 아이를 위로하십시오. 사랑의 확신을 다시 한 번 주십시오.

마지막으로 용서가 필요한 사람에게 가서 용서를 구하게 하고 뒤처리를 스스로 할 수 있도록 도와주십시오.

③ 자연적 귀결과 논리적 귀결

자연적 귀결과 논리적 귀결은 극히 효과적으로 아이들의 행동을 바꾸어 주며, 부모에게 충분한 통제력을 주는 훈육 방법입니다. 그리고 아동기의 아이들에게 효과적이며, 자아가 강한 아이들과 겪는 힘의 갈등을 해소시켜 주고, 아이들의 자존감을 세워 주는 훈육 방법이기도 합니다.

우선 자연적 귀결은 자녀가 선택한 행동을 통하여 '자연(nature)'적으로 스스로 깨달음을 갖게 하는 방법입니다. 아이들은 자신의 잘못된 선택의 결과를 직접 체험함으로써 자연스럽게 깨닫게 되고 실수를 통해 배우게 됩니다.

예를 들어 추운 겨울날 여덟 살 유종이가 코트를 입지 않고 얇은 셔츠만으로 학교에 가겠다고 우깁니다. 부모는 아이가 선택한 것을 그대로 경험하게 함으로써 자신의 선택에 대한 고통을 겪게 합니다.

그러면 다시는 추운 겨울날 셔츠 차림으로 외출하지 않게 될 것입니다. 이렇게 자연적 귀결에서는 자연적으로 발생하는 결과가 있습니다. 부모는 개입할 필요가 없고 단지 아이가 자신의 선택에 따르는 아픔을 경험하도록 허용하기만 하면 됩니다.

그러나 논리적 귀결에서는 부모에 의해 결과가 생깁니다. 논리적 귀결은 부모가 아이의 잘못된 행동과 관련하여 그에 따른 부정적 결과를 논리적으로 계획하는 것입니다.

예를 들면 아이가 벽에 낙서를 했습니다. 논리적 귀결은 아이 스스로 벽에 쓴 낙서를 지우도록 하는 것입니다. 낙서를 닦아내는 과정에서 재미가 아닌 힘든 고통을 경험해 봄으로 부정적 귀결을 맛보게 합니다. 이와 같이 아이에게 자신의 잘못된 행동과 귀결 사이의 연관성을 경험하게 함으로써 아이의 행동을 교정하는 방법입니다.

좋은나무성품학교 밀알유치원에서는 매일 1시간 30분씩 모든 유아들이 일(work)을 합니다. 몬테소리 교구들을 자신이 선택하여 작업하는 시간이 있는데 이것을 '몬테소리 교구 선택 작업시간'이라고 부르기도 합니다. 아이들은 이때 자유롭게 자신의 일들을 선택하게 되는데 실수로 물을 엎지르기도 하고, '콩 따르기' 교구를 엎어 온 교실에 콩이 뿌려지기도 합니다.

그때 교사는 아이들의 실수를 절대로 나무라지 않습니다. 그러면 아이들은 끝까지 책임을 지고 스스로 완벽하게 처리합니다. 이 과정을 통해서 아이들은 스스로 조심하고 다음 행동을 완벽하게 행동하려는 의지를 키워 나가게 됩니다.

④ 소멸(무시)

소멸이란 교정의 한 방법인데 아이의 잘못된 행위를 무시함으로 그 행위 자체를 소멸시키는 것을 말합니다. 아이가 보인 행동에 대한 어떤 보상이나 강화도 하지 않고 아이가 잘못을 할 때 부모가 그것을 무시하고 아이에게 관심을 보이지 않는 것입니다. 그런데 정신적 연령이 낮은 어린아이일수록 자신의 욕구 관철을 위하여 격분 행동(tantrum)을 할 때가 있습니다. 아직 적절한 의사소통 방법으로 해소할 수 있는 사회적 방법을 터득하지 못했기 때문에 아주 자연적인 감정으로 표현하는 것입니다.

이때 부모나 교사는 그 소음과 어수선함에 압도당하지 말고 차분함을 유지할 수 있는 정신적 무장을 해야 합니다. 분을 터뜨리는 공간에서 철저히 무시해 버림으로 아이로 하여금 관중을 잃게 하고 소용없는 행위임을 스스로 알게 하면 부정적인 아이의 행위는 점점 소멸될 것입니다.

아이가 떼를 쓴다고 당황하여 아이의 요구를 들어 주면 아이는 그 행위가 보상이 되어 부정적인 행위를 더 반복하게 됩니다.

예를 들어 손님이 집에 찾아올 때마다 아이가 떼를 쓰면서 부정적

행위로 엄마를 통제하려고 합니다. 이럴 때 분명하게 이야기해 주십시오.

"엄마가 손님과 이야기 하고 있을 때 엄마에게 말할 것이 있으면 곁에서 잠시만 기다리렴. 그러면 엄마가 곧 봐 줄게. 그런데 엄마를 계속 불러대고 엄마를 방해하면서 투정부리고 계속 떼를 쓴다면 엄마는 모른 척할 거다. 알겠지?"라고 말해 주고 실제로 그렇게 행동하십시오.

⑤ 타임아웃(Time-out)

타임아웃이란 강화나 보상 및 관심을 잠시 멈추는 것을 의미합니다. 하던 일로부터 아이를 격리시킴으로 조용하고 지루한 장소에 있게 하는 방법입니다. 흔히 특정한 방을 만들어 'Time-out'장소로 쓰기도 하며, 후미진 곳에 앉아 있게 하는 '생각하는 의자'를 사용하기도 합니다. 이때 주의할 점은 절대로 흥밋거리가 없고 안전한 장소여야 한다는 것입니다.

2
보상이란 무엇일까요?

보상과 소거

보상이란 자녀가 바람직한 행동을 했을 때 칭찬이나 감사의 말, 안아주기, 쓰다듬어 주기, 만족한 표정 지어 보이기, 좋아하는 것 사주기, 원하는 곳에 데리고 가기 등을 통해 아이를 북돋아주고 격려하는 것입니다. 그러나 이 중에서도 아이들에게 가장 큰 보상은 '따뜻한 말' 입니다.

아이에게 좋은 행동이든 나쁜 행동이든 이 모든 것은 아이가 받는 보상에 의해 형성되는 것입니다. '우연히'라도 자녀의 나쁜 행동을 부모가 보상하게 되면 자녀의 나쁜 행동은 더욱 심해지고, 보상을 받지 못하거나 벌을 받는 행동은 점점 약해지고 발생 빈도도 줄어들게 됩니다. 어떤 행동에 대해 보상을 받을 때 그 행동은 점차 강화됩니다. 또한 어떤 행동에 대해 더 이상 보상이 주어지지 않을 때 그 행동은 '소거'됩니다.

'소거'란 행동에 대해 강화하지 않은 것을 의미합니다. 그러므로 부모나 교사들은 아이들의 좋은 행동들은 즉각적으로 자주 보상을 해 주어 좋고 착한 행동들이 계속적으로 강화되도록 해야 합니다. 그러나 아이들의 나쁜 행동들은 보상하지 않음으로써 그 행동을 소거시켜야 합니다. 그리고 계속적으로 나쁜 행동을 할 때는 벌을 줌으로 그 행동을 반복하지 않도록 해야 합니다.

예를 들면, 여섯 살 인성이는 엄마의 관심을 끌기 위해서 엄마가 바쁠 때면 늘 징징대기 시작합니다. 그러면 엄마는 인성이가 징징대는 것을 참을 수 없어서 하던 일을 멈추고 징징대지 말라고 꾸중한 후에 인성이의 요구를 묻습니다. 이때 인성이는 엄마가 자신에게 주목해 주기를 원할 때는 우선 징징댄 후에 가벼운 꾸중을 듣는다는 것을 배우게 됩니다. 그리고 자기에게 강력한 보상인 '엄마의 관심'을 얻을 수 있다는 것도 알게 됩니다. 결국 엄마는 인성이에게 징징대는 것을 가르친 셈이 되고 만 것입니다.

그러면 부모들은 이때 어떻게 대처해야 할까요? 우리는 이때 하던 일을 계속하면서 주목하지 말고 "인성아! 엄마는 네가 징징대면서 말하면 네 얘기를 들어 줄 수가 없어. 예쁘게 말하면 엄마는 들을 수 있지"라고 말해 주어야 합니다. 아이가 태도를 바꿀 때에 멈추어 서서 주목하여 들으십시오. 이렇게 하면 나쁜 행동은 소거되고 좋은 행동은 강화됩니다.

보상의 종류

보상의 종류에는 사회적 보상, 특권을 포함한 활동적 보상, 물질적 보상 등이 있습니다. 각 보상의 종류별로 해당되는 활동들을 정리해보면 다음과 같습니다.

사회적 보상	특권을 포함한 활동적 보상	물질적 보상
• 미소 • 껴안아 주기 • 등 두드려 주기 • 관심을 갖기 • 칭찬하기 • 악수하기 • 윙크해 주기 • 잘했다고 말해 주기 • 쓰다듬어 주기	• 공원에 놀러 가기 • 놀이동산 가기 • 엄마와 카드놀이 하기 • 아빠가 책 읽어 주기 • 만화영화 보기 • 친구와 놀기 • 친구 집에서 하룻밤 자기 • 야구장, 축구장 가기 • 외식하기 • 쇼핑하기 • 아빠와 공놀이하기 • 비디오, 컴퓨터 게임하기	• 책 • 오락기 • 예쁜 옷 • 아이스크림 • 공 • 돈 • 장난감 • 학용품

아이들이 좋아하는 보상을 적절하게 사용하는 지혜가 필요합니다. 긍정적인 보상은 자녀를 바르게 양육시키는 강력한 방법일 뿐만

아니라 자녀를 훈련시키는 방법 중 가장 효과적입니다. 반면 잘못된 보상은 자녀가 보상을 위해 거짓 순종을 할 수 있기 때문에 안 좋은 결과를 초래하게 됩니다. 그러므로 부모는 원칙이 있는 보상을 해야 합니다.

그렇다면 긍정적인 보상의 원칙에는 어떠한 것들이 있는지 알아보겠습니다.

보상의 원칙

첫째, 약속한 보상은 반드시 지켜야 합니다.

주위의 많은 부모들을 보면 "밥 먹으면 로봇 사 줄게", "엄마 말 잘 들으면 놀이동산에 데려 갈게" 등 수없이 많은 공약들을 남발합니다. 그러면 아이들은 마지못해 밥을 먹거나 부모의 말에 순종합니다. 그러나 부모가 말한 대로 로봇을 사주지 않거나 놀이동산에 데려가지 않으면 다음에 똑같은 말과 보상에 대한 약속이 있어도 자녀는 제대로 순응하지 않습니다. 이 때문에 부모들은 지키지 못할 약속을 하지 말아야 합니다. 그리고 약속을 했으면 반드시 지켜야 합니다. 보상에 대한 약속이 철저하게 지켜지지 않으면 징계에 대한 계획과 경고 및 권위도 손상을 입게 됩니다.

둘째, 보상은 즉시 이루어져야 합니다.

부모의 보상이 높은 효과를 얻기 위해서는 즉시 이루어져야 합니다. 만약 원하는 옷을 사주기로 했으면 "다음에 네가 또 말을 잘 들으면"이라고 차일피일 미루지 말고 그 즉시 해 주어야 합니다. 자녀들은 아주 세심한 것까지도 부모의 말을 기억합니다. 아이가 나중에 어른으로 성장해도 어렸을 적에 부모님이 하신 말씀을 기억한다는 사실을 명심하십시오. 훈계의 참뜻이 올바르게 관철되기 위해서는 약속이라는 개념 이전에 '말'이라는 개념에 있어서 신뢰가 바탕이 되어야 합니다. 변치 않는 신뢰가 바탕이 되는 '말'에는 권위와 힘이 생깁니다. 바로 하나님의 '말씀'은 그와 같이 영원히 변치 않는 '능력'을 지닌 말입니다. '말'은 지켜짐으로 '능력'을 얻는다는 것을 기억하시기 바랍니다.

셋째, 자녀를 조종하기 위한 수단으로 보상을 사용해서는 안 됩니다.

자녀가 어떤 행동을 할 때 거기에 따라 주어지는 달콤한 보상 때문에 순종하게 된다면 그 아이는 타율적이거나 수동적인 사람이 될 것입니다. 선물이나 대가보다는 자녀 스스로 마음에서 우러나오는 순종을 할 수 있도록 인도해야 합니다.

넷째, 모든 것을 돈이나 물질로 해결해서는 안 됩니다.

부모들 가운데 적지 않은 이들이 돈이나 물질로 자녀에게 보상을 합니다. 하지만 이렇게 되면 자녀에게 돈에 대한 잘못된 개념을 심어 주어 아이가 돈이나 물질 때문에 부모의 말에 순응하며 자랄 수 있습니다. 돈보다는 칭찬의 말이나 안아 주기, 머리 쓰다듬어 주기 등 부모의 마음과 따뜻함이 묻어 나오는 방법을 사용하는 것이 바람직합니다. 특히 부모가 자녀를 꼭 안아 주는 방법은 아이들로 하여금 부모의 사랑을 강하게 느끼게 합니다.

다섯째, 작은 일에 큰 보상을 해서는 안 됩니다.

자녀가 당연히 해야 할 일이나 일상적인 일들에 대해 어울리지 않을 정도의 큰 보상을 해주면 보상의 효과가 떨어집니다. 또한 작고 사소한 고마움에 대해 소중함을 느끼지 못하는 사람으로 만듭니다.

여섯째, 칭찬의 말을 할 때에는 막연하게 하지 말고 구체적으로 하는 것이 좋습니다.

"정말 잘했구나!"보다는 "네가 그림을 열심히 그려서 엄마는 기뻐"라고 말하는 것이 효과적입니다. 또한 "잘했어"보다는 "네가 형과 싸우지 않고 잘 지내서 얼마나 사랑스러운지 몰라"라고 구체적으로 말해야 합니다. 토마스 고든 박사는 칭찬도 '걸림돌'이 될 수 있다는 것을 상기시켰습니다. 아이의 잘한 행동을 구체적으로 말하며 그 행위에 대한 부모의 과장되지 않은 감정을 표현해 주는 것이 칭찬의 좋은 태도입니다. 또한 이러한 부모의 태도가 아이의 자아존중감을 높여 줍니다.

chapter 06

기질에 따른 성품훈계법

1

기질에 따른 자녀 훈계법

이 장에서 소개하는 기질들은 부모가 어떻게 교육하느냐에 따라서 얼마든지 바뀔 수 있습니다. 자녀의 기질은 교육과 환경으로 바뀔 수 있기 때문에 현재의 기질 때문에 안주하거나 속상해 할 필요가 없습니다.

하나님이 인간을 만드실 때 하나님의 형상으로 지으셨고 각각의 사람에게 기질을 주셨습니다. 인격은 후천적인 반면 기질은 선천적인 것으로 태어날 때 가지고 태어나는 것입니다. 한 부모에게서 태어난 형제라도 기질은 모두 다릅니다. 여기에서 우리 자녀들의 기질은 무엇인지를 알아보고 효율적으로 자녀양육을 할 수 있는 방법에 대해 알아보도록 하겠습니다.

자녀를 바르고 훌륭하게 양육하려면 자녀 개인의 특성을 고려해야 합니다. 우리가 자녀교육에 관한 이론을 배워서 자녀에게 적용하다 보면 이 아이에게는 그 이론이 잘 맞아 떨어지는데 다른 아이에게는 맞지 않을 때가 있습니다. 옆집 아이는 고분고분 부모의 말을 잘 듣는 것 같은데 우리 집 아이는 말을 듣지 않고 반항해서 속상할 때가 있습니다.

이럴 때 부모들은 대부분 '내 교육 방법에 무슨 문제가 있는 것은 아닐까?'라고 좌절하거나 죄책감을 느끼게 됩니다. 그러나 죄책감을 가질 필요는 없습니다.

부모의 교육 방법에 문제가 있기보다는 아이들의 기질이 다르기 때문에 일어나는 현상입니다.

저의 세 아들도 야단을 치면 반응이 각각 다릅니다. 엄한 말 한 마디에 속상해서 눈물을 뚝뚝 흘리는 아이가 있는가 하면 거세게 반항하는 아이도 있고, 언제 그랬냐는 듯이 헤헤거리며 다가와 웃는 아이도 있습니다. 똑같은 꾸중이라도 자녀의 기질이 다르기 때문에 반응하는 방식도 다른 것입니다. 똑같은 부모와 똑같은 환경에서 자라더라도 형제나 자매간의 기질이 다 다릅니다.

그러므로 한 아이에게 교육 효과가 있다고 해서 다른 아이에게도 똑같은 교육 효과를 기대하는 것은 옳지 않습니다. 그래서 그 아이의 기질에 맞게 훈계하는 것이 자녀교육의 성공을 결정하는 지름길이 됩니다.

예를 들어 특별히 행동이 느린 아이의 경우에 자녀는 과제를 완수하려고 노력하지만 부모는 이러한 자녀의 기질을 이해하지 못한 채 시간 안에 빨리 과제를 완수하지 못한다고 답답해하거나 꾸중을 합니다.

자녀의 기질을 제대로 파악하지 못한다면 예민한 자녀에게는 상처를 주며 고집이 센 자녀는 더 고집이 센 아이로 자라날 수 있습니다. 자녀의 기질을 파악해야 효율적으로 자녀를 교육할 수 있습니다.

유태인들의 자녀교육

세계적으로 자녀교육을 잘하기로 소문난 유태인들은 쌍둥이라도 각자의 인격과 기질이 다르기 때문에 다르게 교육합니다. 그래서 형제를 비교하는 말을 금합니다. 심지어 친구 집에 놀러 보낼 때에도 형제의 기질이 틀리다고 함께 보내지 않습니다. 왜냐하면 서로 다른 개성을 가진 형제를 같은 장소에 놀러가게 하는 것보다 기질에 맞는 장소에서 즐거운 경험을 하는 것이 더 효과적이라고 판단하기 때문입니다.

유태인들은 자녀 간에 우열을 매기거나 편애하는 것은 바람직하지 않다고 생각합니다. 그들은 IQ나 학교성적이 뛰어난 자녀로 키우는 데에 역점을 두기보다는 자녀 각자가 지닌 기질을 잘 발휘할 수 있도록 교육합니다. 이것은 개인의 존엄성을 존중하는 정신입니다. 그렇다고 유태인의 자녀들이 우애가 나쁜 것은 아닙니다. 유태인 부모들은 형제의 개성을 키워 주지만 서로 아끼고 사랑할 것을 강조하기 때문입니다.

2

인간의 네 가지 기질

히포크라테스는 인간의 기질을 다혈질, 담즙질, 우울질, 점액질의 네 가지로 분류하였습니다. 먼저 네 가지 기질의 특징과 장·단점 그리고 그에 따른 결과를 살펴보겠습니다. 여기에 소개하는 네 가지 기질의 특성은 모두 다르며, 어느 기질이 나쁘거나 좋은 것이 아니라는 것을 기억해야 합니다.

다혈질	
특징	• 외향적인 성격으로 활발하며 사람을 좋아한다. • 낙천적이며 열성적이다. • 활기차고 헌신적이다. • 다른 사람들의 사랑과 관심을 끄는 스타일이다 . • 거칠게 행동하고 쉽게 흥분한다. • 감정을 감추지 못해 화를 잘 내지만 한번 사람을 좋아하면 끝까지 좋아한다. • 주변 정서에 쉽게 동화되어 같이 슬퍼하고 같이 울분을 터뜨린다. • 혼자 있기보다 여러 사람과 함께 있기를 좋아하고 말하는 것을 즐긴다.
장점	단점
• 명랑하고 활발하다. • 불쾌감이나 권태로움을 쉽게 극복한다. • 즐거움과 기쁨을 잘 느낀다. • 사교적이며 친밀하다. • 솔직하고 순수하다. • 모험심이 강하다. • 동정이나 연민의 정이 많다.	• 정서가 불안정하며 경솔하게 판단하는 경향이 있다. • 자기 욕망을 억누르지 못하며 자기위주의 사고와 행동을 한다. • 의지가 약하다. • 뒤처리가 미숙하며 정리정돈이 안 된다. • 집중력이 약하다. • 감정과 생활의 기복이 심하다. • 약속과 책임을 쉽게 잊어버린다. • 육체의 소욕에 약하다.
결과	• 돈과 시간을 잘 낭비한다. • 사고 싶은 것이 있으면 꼭 사야 한다. • 한 가지 일에 집중하지 못한다. • 쉽게 화를 내거나 푼다. • 정이 많아서 늘 분주하다. • 기분이 쉽게 변하며 침착하지 못하다. • 자기가 주변에서 관심을 받지 못하면 견디지 못한다. • 잡담을 좋아하고 남과 어울리는 것을 좋아한다. • 일을 뒤로 미루는 경향이 있다. • 침착하지 못하고 쉽게 대답하고 쉽게 잊어버린다. • 우울한 것을 싫어한다.

<table>
<tr><th colspan="3">담즙질</th></tr>
<tr><td>특징</td><td colspan="2">• 외향성의 기질을 가지고 있으며 실제적인 일과 활동을 즐긴다.
• 자기 의지가 강하고 적극적이다.
• 현실적이고 분석적이다.
• 공상적이거나 환상적인 것을 싫어하고 타산적이거나 현실적으로 생각한다.
• 주변 분위기에 쉽게 동화되지 않는다.
• 화를 잘 내고 고집이 세다.
• 야망과 목적을 달성하기 위해 적극적이고 끈질기게 도전하는 끈기를 보인다.</td></tr>
<tr><th colspan="2">장점</th><th>단점</th></tr>
<tr><td colspan="2">• 자신감과 의지가 강하다.
• 자립심과 결단력이 강하다.
• 추진력과 집착력이 강하다
• 즉각적인 분석력이 있다.
• 단체 활동에 적극적이며 실질적인 해결 능력이 있다.
• 리더로서의 기질이 있다.</td><td>• 굉장히 냉정하고 무뚝뚝하다.
• 자기만족과 도취가 강하다.
• 동정심이 적다.
• 화를 잘 내고 성급하다.
• 분을 오래 간직하며 피해를 입힌 사람에게 보복을 한다.
• 자기중심적이며 거만하다.
• 포용력이 부족하다.
• 계산적이고 세속적이다.
• 영적인 일에 관심이 없다.
• 이기적이며 냉정하다.
• 남을 무시하는 경향이 있다.
• 남을 잘 믿지 않는다.</td></tr>
<tr><td>결과</td><td colspan="2">• 이기적인 판단을 잘한다.
• 남을 무시하는 경향이 있다.
• 원한을 품고 보복을 한다.
• 목적을 위해 수단과 방법을 가리지 않는다.
• 아이들을 굉장히 엄격하게 다룬다.
• 자기 공헌이나 업적을 내세우기를 좋아한다.
• 불리한 일에는 과격하게 대응한다.</td></tr>
</table>

우울질	
특징	• 내성적인 기질로 다혈질과 반대된다. • 침울하고 답답한 듯이 보이지만 풍부한 감수성과 예민함의 소유자이다. • 내면세계에 관심이 많으며 조용하고 성실하다. • 진지함과 순수함이 있다. • 내면세계에 대한 관심과 활동에 치중한다. • 깊고 신중하게 생각한다. • 활동력이 약하다. • 자기를 희생함으로 만족감을 얻는다. • 조용하고 성실하게 일을 한다. • 모든 상황을 미리 예상하고 대비하기도 한다. • 예술 세계에 대한 관심이 높다. • 여럿이 함께하는 일보다 혼자서 하는 일을 즐긴다. • 급작스러운 변화를 보이기도 하고 부정적이고 나태한 일면을 보이기도 한다.
장점	단점
• 정서가 풍부하다. • 신중하고 침착하다. • 창의성과 예술성이 있다. • 깊은 사고력과 성실성을 가지고 있다. • 자기희생을 한다. • 완벽하기 때문에 실수가 적다.	• 침울하고 답답하다. • 실천력이 약하다. • 극히 비판적이며 정서가 불안정하다. • 피해의식에 쉽게 사로잡힌다. • 결단력이 약하다. • 공상과 편견이 심하다. • 의심이 많다. • 정신질환을 쉽게 일으킨다.
결과	• 예술을 사랑한다. • 뒤에서 일하기를 좋아한다. • 자기희생적인 직업을 선호한다. • 의견을 발표하기를 망설이지만, 발표할 때는 완벽하게 한다. • 성격이 완벽하다. • 겁이 많기 때문에 사무 처리를 잘하지 못한다. • 우울증이나 편집증, 콤플렉스가 있다. • 방해자나 다른 의견을 가진 사람을 피한다. • 뒤에서 원망하는 스타일이 되기 쉽다. • 자녀들에 대해 지나치게 기대하거나 간섭을 한다. • 이해심이 없다.

<table>
<tr><th colspan="2">점액질</th></tr>
<tr><td>특징</td><td>• 내향적 기질로 소극적이고 수동적이다.
• 조용하고 낙천적이다.
• 복잡한 고민보다 편안하게 생각하는 스타일이다.
• 감정 기복이 없어 무난하게 살아간다.
• 느리고 태평스러워 보인다.
• 자기에게 당장 주어지는 일이 아니면 방관자적 태도를 취한다.</td></tr>
<tr><th>장점</th><th>단점</th></tr>
<tr><td>• 유머와 재치가 있다.
• 낙천적이어서 마음이 편안하다.
• 객관적이고 이성적이며 인내심이 강하다.
• 상황에 여유 있게 대처한다.
• 부드럽고 깔끔하다.
• 신용을 잘 지킨다.</td><td>• 게으르고 나태하다.
• 목적의식이 약하다.
• 소극적이고 실천력이 약하다.
• 무관심의 도가 지나치다.
• 이론만 내세우기 쉽다.
• 이기적이고 발전과 변화를 두려워한다.
• 깊은 정이 없다.
• 결단력이 없고 우유부단하다.</td></tr>
<tr><td>결과</td><td>• 주위에 무관심하다.
• 일에 대해 평가를 하지만 참여하지는 않는다.
• 정리 정돈을 잘한다.
• 시간과 약속을 잘 지킨다.
• 반대 의견을 가진 사람에게는 냉담하게 대한다.
• 여유로운 편이다.
• 끈질긴 노력이 부족하다.</td></tr>
</table>

한 사람의 기질은 한 가지 기질에 고착되어 있는 것이 아니라 예수님을 믿음으로써, 또 부모가 어떻게 교육하느냐에 따라서 얼마든지 바뀔 수 있습니다. 현재의 기질 때문에 안주하거나 속상해 할 필요는 없습니다.

모든 기질에는 장단점이 있기 때문에 장점은 계속 살려 주고 단점은 보완하려는 노력이 필요합니다.

다음 페이지에는 기질질문표와 채점을 통해 기질을 알 수 있는 자료가 있습니다. 당신과 배우자 그리고 자녀의 기질을 이해하는 데 도움이 될 것입니다.

3
나와 아이의 기질 알아보기
기질질문표

깊이 생각하지 말고 당신의 마음이 움직이는 대로 솔직하게 체크하세요. 아이의 기질을 알아보기 위해서는 아이의 평소 모습과 감정을 충분히 관찰한 후 질문에 답하면 됩니다.

이 검사는 모두 64개의 문항으로 구성되어 있으며, 각 문항에 대한 점수를 빈칸에 적고, 네 개 문항에 대한 합을 오른쪽에 있는 소계란에 기입하세요.

번호	특 징	그렇다	보통	아니다	소계
		2점	1점	0점	
1	의지가 약하다.	☐	☐	☐	
2	남들에게 친절하다	☐	☐	☐	
3	낙천적이다	☐	☐	☐	
4	친구가 많고 사람들에 둘러싸여 대화하며 지내는 것을 좋아한다	☐	☐	☐	
5	결정한 것을 행동으로 옮긴다	☐	☐	☐	
6	화가 나면 폭력적인 모습을 보인다	☐	☐	☐	
7	책임감이 강하다	☐	☐	☐	
8	해야 하는 일이 있으면 쉬는 시간에도 몰두하는 경향이 있다.	☐	☐	☐	
9	남에게 비난을 받으면 표현은 하지 않지만 마음에 깊은 상처를 받는다	☐	☐	☐	
10	날카로운 분석력을 갖고 있다	☐	☐	☐	
11	생각에 질서가 있고 논리적이다	☐	☐	☐	
12	생활의 변화를 싫어한다	☐	☐	☐	
13	남들에게 태평한 인상을 준다	☐	☐	☐	
14	복잡한 것보다 단순한 것을 좋아한다	☐	☐	☐	
15	남의 이야기를 주로 듣는 편이다	☐	☐	☐	
16	행동을 느리게 한다	☐	☐	☐	

17	낯선 어른과 아이와도 쉽게 친해진다	☐	☐	☐
18	남에게 나의 입장을 잘 이해시킨다	☐	☐	☐
19	대화거리가 많다	☐	☐	☐
20	즐거움을 추구한다	☐	☐	☐
21	고정관념에 얽매이지 않는다	☐	☐	☐
22	통이 크고 대담하다	☐	☐	☐
23	역경에 처해도 잘 극복한다	☐	☐	☐
24	남의 아픔이나 슬픔에 공감하지 못한다	☐	☐	☐
25	물건을 고치고 수리하는 것에 재주가 있다	☐	☐	☐
26	때로 흥분이 되면 누구보다도 열정적이고 활발한 사람이 된다	☐	☐	☐
27	내 방은 정돈이 잘 되어 있다	☐	☐	☐
28	예리한 비판을 한다	☐	☐	☐
29	말이 없고 조용하다	☐	☐	☐
30	매사에 의욕이 없다	☐	☐	☐
31	친구는 적지만 깊게 사귀는 몇 명이 있다	☐	☐	☐
32	화를 잘 내지 않는다	☐	☐	☐
33	약속을 자주 어긴다	☐	☐	☐
34	남이 나에게 기분 나쁘게 한 일들을 쉽게 잊어버린다	☐	☐	☐
35	화를 잘 내기도 하지만 쉽게 풀린다	☐	☐	☐
36	비밀유지를 잘 못한다	☐	☐	☐

번호	특 징	그렇다 2점	보통 1점	아니다 0점	소계
37	예술을 감상하는 생활과는 거리가 멀다	☐	☐	☐	
38	한 가지 일을 시작하면 일의 성취여부만 생각하기 때문에 참여하는 사람들의 감정을 상하게 할 수 있다	☐	☐	☐	
39	할 일이 있으면 즉시 그 자리에서 해결해야만 직성이 풀린다.	☐	☐	☐	
40	게으르거나 무책임한 사람들을 보면 화가 난다	☐	☐	☐	
41	싸우면 화해를 잘 하지 못한다	☐	☐	☐	
42	남들이 소곤소곤 이야기하면 나에 대해 언짢은 이야기를 한다고 생각한다	☐	☐	☐	
43	일을 진행할 때 낙관적이라기보다는 비관적인 견해를 말한다	☐	☐	☐	
44	나의 실수를 잘 용서하지 못한다	☐	☐	☐	
45	원칙에 맞지 않아도 “아니오”라고 말을 못한다	☐	☐	☐	
46	위험한 상황이 벌어지면 모른척한다	☐	☐	☐	
47	게으르고 태만할 때가 많다	☐	☐	☐	
48	남을 부드럽게 감싸주고 위로한다	☐	☐	☐	
49	즉흥적으로 여러 가지 계획을 세운다	☐	☐	☐	
50	남들 앞에서 잘 떠든다	☐	☐	☐	
51	한 가지 일을 끝까지 하기가 힘들다	☐	☐	☐	
52	남들이 볼 때는 신이 나서 하지만, 안 보면 기운이 빠진다	☐	☐	☐	

53	독립심과 자부심이 강하다	☐	☐	☐
54	세심하게 분석하는 것을 싫어한다	☐	☐	☐
55	타인과의 다툼에서 폭력으로 해결하고 싶을 때가 자주 있다	☐	☐	☐
56	모임 만들기를 좋아한다	☐	☐	☐
57	남들 눈치 때문에 하고 싶은 일을 주저한다	☐	☐	☐
58	좋았던 과거를 자주 회상한다	☐	☐	☐
59	규칙과 절도가 없는 것을 싫어한다	☐	☐	☐
60	혼자서 묵묵히 주어진 일을 완수한다	☐	☐	☐
61	남이 어떤 일에 같이 참여할 것을 제안하면 선뜻 나서지 않고 주로 사양한다	☐	☐	☐
62	남들이 하는 일에 무관심하다	☐	☐	☐
63	나에게 손해가 되어도 참는 편이다	☐	☐	☐
64	남들이 강하게 나오면 거절을 못한다	☐	☐	☐

기질 채점표

질문표에서 4문항 별로 점수를 더했던 소계 점수를 채점표에 적으세요. 그 다음, 기질에 따른 점수의 총계를 '살구색' 칸에 각각 기록하세요. 4가지 기질 점수 중 높은 점수가 나온 것이 바로 당신의 기질입니다.

기질 종류	문항 번호	소계	다혈질 점수 총계
다혈질	1, 2, 3, 4		
	17, 18, 19, 20		
	33, 34, 35, 36		
	49, 50, 51, 52		
	문항 번호	소계	담즙질 점수 총계
담즙질	5, 6, 7, 8		
	21, 22, 23, 24		
	37, 38, 39, 40		
	53, 54, 55, 56		

	문항 번호	소계	우울질 점수 총계
우울질	9, 10, 11, 12		
	25, 26, 27, 28		
	41, 42, 43, 44		
	57, 58, 59, 60		
	문항 번호	소계	점액질 점수 총계
점액질	13, 14, 15, 16		
	29, 30, 31, 32		
	45, 46, 47, 48		
	61, 62, 63, 64		

나의 기질은? 1. ______________________________

2. ______________________________

4
기질에 따라 다르게 하는 자녀양육법

그러면 각각 다른 기질의 아이들을 어떻게 양육하고 훈계해야 하는지 살펴보겠습니다.

다혈질 자녀

다혈질 자녀는 창조성이 있고 변화가 많은 스타일입니다. 그렇기 때문에 부모는 자녀의 창조성이 어느 분야에 있는지 관심을 갖고 찾아 주어야 합니다.

다혈질의 자녀들은 많은 사람들 앞에서 이야기하고 주목받는 것을 즐깁니다. 다혈질 자녀를 둔 부모들은 공부만 시키려고 하지 말고 아이가 가진 창의성을 존중하여 그것을 어느 분야에 쓸 수 있을지 고민해야 합니다. 예를 들면 연사, 연설, 노래, 춤, 스포츠, 연극 등의 활동을 격려하는 것이 바람직합니다.

또한 이 아이들에게는 스킨십의 양육이 필요합니다. 다혈질의 아이들은 부모가 안아 주면 특별히 더 안정감을 느낍니다. 그리고 칭찬을 아끼지 말아야 합니다. 매일 아침 식물에 물 주듯이 매일 칭찬을 해야 합니다. 다혈질 자녀에게는 칭찬으로 하루 일과를 시작하고 더 잘하라고 끊임없이 격려해 주어야 합니다. 다혈질 자녀들의 부모가 자녀교육에 있어서 특별히 신경 써야 할 부분은 방 정리와 돈 관리 분야입니다. 다혈질의 자녀들은 특히 이 방면에 약하기 때문입니다.

담즙질 자녀

담즙질 자녀는 부모가 가진 인내력의 한계가 어디까지인지 시험하는 아이들입니다. 이들은 무척 고집이 세서 몇 시간이 지나도 자신의 잘못을 좀처럼 인정하지 않습니다. 유치원에서 말을 안 듣는 아이들은 대부분 담즙질 기질을 보입니다. 이 아이들이 잘못을 했을 때는 무조건 때리려고 하지 말고 무엇을 잘못했는지를 합리적으로 설명해야 합니다. 특히 이 아이들에게는 일찍부터 하나님의 존재를 가르쳐야 합니다. 하나님 앞에 데리고 나와 자녀의 의지를 굴복시키는 것을 가르쳐야 합니다.

또한 순종과 권위에 대한 것들을 가르쳐야 합니다. 가정, 교회, 하나님의 권위를 일찍 가르쳐서 하나님, 부모, 선생님, 그리고 사회의 권위에 지혜롭게 굴복하도록 가르쳐야 합니다. 유치원에서 말을 듣지 않는 아이들의 대부분은 담즙질 기질이 많은데 이 아이들에게는 약간의 책임감을 주는 것이 효과적입니다.

담즙질의 자녀는 고집이 세기 때문에 키우기 힘든 점은 있지만 그들의 장점을 잘 살려 주고 단점을 보완해 준다면 위대한 지도자와 정치가로 키울 수 있습니다.

우울질 자녀

우울질 중에는 천재가 많습니다. 위대한 과학자인 아인슈타인이나 에디슨도 우울질 기질이었습니다. 그런데 20세기 최고의 위인이라고 일컬어지는 이들은 학교에서 저능아 취급을 받은 낙제생이었습니다. 학교에서는 이들을 도무지 받아들일 수 없었습니다. 그렇다면 이들의 천재성을 누가 발견할 수 있을까요? 부모 외에는 없습니다. 자녀의 천재성을 발견하기 위해서 부모들은 섬세해야 합니다.

우울질 자녀들은 혼자서 무언가를 만지고 연구하려는 성향이 강합니다. 이런 기질의 자녀들은 배우나 정치가를 시키려 하지 말고 공부하고 생각에 몰두하여 학문에 정진할 수 있도록 배려해 주어야 합니다.

이 아이들은 성격이 예민하고 섬세하기 때문에 부모가 무심코 던진 말에 상처를 받을 수 있습니다. 부모가 모르고 지나친 것이 이 아이에게는 상처가 되며 심지어 단지 지적을 받았다는 사실 자체만으로 깊은 상처를 받습니다. 이런 아이들이 잘못을 했을 때는 무조건 야단치지 마세요. 벌을 받기 전에는 왜 벌을 받아야 하는지 충분히 설명해 주세요. 벌을 받고 난 후에는 기분이 어땠는지 이야기하며 다독여야 합니다.

우울질 아이들은 완벽하지 않으면 시도하지 않으려 하고 실수를 두려워합니다. 그러므로 이런 자녀들에게는 성공과 실패가 똑같이 중요한 경험임을 가르쳐야 합니다. 또한 지나치게 슬픈 이야기나 비디오 등에 빠지지 않도록 주의해야 하며 자신의 감정을 표현하도록 격려해야 합니다. 이 아이들은 굉장히 냉정한 성격이기 때문에 감사함을 느끼고 표현하는 것에 약합니다. 다른 사람에게 감사함을 느끼고 표현하도록 교육해야 합니다.

점액질 자녀

우울질과 점액질 자녀를 키우는 가정은 대체적으로 조용하고 다혈질과 담즙질 자녀를 키우는 가정은 부산하고 시끄러운 편입니다. 점액질의 자녀는 부모의 말을 잘 듣는 편입니다. 점액질 자녀에게 중요한 것은 동기 부여입니다. 이 아이들은 동기 부여가 되지 않으면 하지 않으려는 경향을 보입니다.

그렇기 때문에 부모는 이것을 왜 해야 하는지 또 어떤 성취감이 있는지 알려 주어야 합니다. 약간의 과제를 주고 성취를 격려해야 하며 부모가 조기에 자녀의 취미나 특기를 발견하여 가르쳐야 합니다. 스포츠를 권유하는 것도 바람직합니다. 점액질의 자녀를 훈계할 때는 윽박지르거나 회초리로 때리지 말고 조용히 타이르는 것이 효과적입니다. 또한 자녀가 분노의 감정을 잘 표현할 수 있도록 훈련시켜야 합니다.

모든 기질에는 장단점이 있기 때문에

장점은 계속 살려 주고

단점은 보완하려는 노력이 필요합니다.

chapter 07

좋은 성품을 키우는 성품훈계법

1
제멋대로인 아이, 순종하는 아이로 키우는 성품훈계법 I

성품훈계법을 배우는 목적은 아이들이 잘못된 행동을 했을 때 그 잘못된 행동을 꾸중하는 데 있는 것이 아니라, 잘못을 저지르기 전에 예방하고 치료하는 데 있습니다. 자녀들이 나쁜 행동을 하기 전에 올바른 행동과 잘못된 행동에 대한 정확한 개념을 알려주고, 좋은 행동을 익혀 원숙한 인간으로 성장하도록 돕기 위한 것입니다.

이것이 바로 성품교육입니다. 자녀들이 어려서부터 들었던 부모의 훈계들이 모여 그들의 성품으로 열매 맺는 것입니다. 그 성품의 열매는 자녀들을 키우면서 경험했던 연약함의 순간들, 무수한 갈등의 순간들을 어떠한 훈계로 풀어나갔느냐에 달려 있다고 볼 수 있습니다.

그래서 이 장에서는 '좋은나무성품학교'의 12가지 주제성품 별로 아이들에게서 볼 수 있는 다양한 문제행동을 살펴보면서, 성서적 훈계의 지침을 제시해 보겠습니다.

순종이란?

순종이란, '나를 보호하고 있는 사람들의 지시에 좋은 태도로 기쁘게 따르는 것'(좋은나무성품학교 정의)입니다. 순종은 자녀들에게 가장 먼저 가르쳐야 할 성품입니다. 부모님이나 어른들의 말에 순종하는 훈련은 아주 일찍부터 시작해야 합니다. 그 일은 아이가 어렸을 때부터 하나님께 순종하는 것을 가르침으로 시작될 수 있습니다.

하나님 말씀의 절대적 가치를 인정하고 순종할 수 있는 아이가 부모님 말씀의 가치를 인정하고 순종합니다. 또한 교사나 다른 사람에게도 순종할 줄 알게 되며 사회질서와 법규에도 순종할 줄 아는 복된 아이로 성장하게 됩니다.

하나님의 말씀에 순종하는 것은 피조물인 인간의 기본적인 의무인 동시에 특권입니다.

하나님께 순종함으로 말미암아 인간의 가치를 알 수 있고 행복의 지름길로 들어설 수 있습니다. 또한 하나님과의 행복한 교제 속에 들어갈 수 있고, 그 속에서 우리 삶이 보호받으며 안정감과 행복을 누릴 수 있습니다. 교제한다는 것은 우리가 하나님께 순종하는 것을 의미합니다. 우리가 하나님과 교제한다는 것은 내가 하나님의 사랑을 받아들이고 순종한다는 것을 뜻합니다.

불순종이란 이렇게 하라고 하신 것을 거절하거나 또는 그것과 다르게 하거나 또 이렇게 하지 말아야 한다는 것을 알고 있음에도 불구하고 자신이 원하는 대로 하는 것을 말합니다. 그래서 불순종은 하나님의 존재를 부정하는 것입니다. 이런 사람은 "나는 아직 나에 대한 자신감이 있기 때문에 하나님이라는 존재가 필요 없습니다"라고 말하며 하나님께 순종하기를 거절하는 것입니다. 이것은 내 마음속에 하나님을 차단하는 것입니다.

제가 알고 있는 한 미국인 교수는 자신이 운영하고 있는 유치원과 초등학교에 다니고 있는 한국인 아이들은 다른 나라의 아이들에 비해 교사의 말에 잘 순종하지 않는 편이라고 말했습니다. 그 원인에 대해 그분은 우리나라 가정들의 자녀교육이 잘못되었기 때문이라고 결론을 내렸습니다. 저는 그 말을 들으면서 굉장히 창피했지만 충분히 공감이 가는 말이었습니다.

국제사회에서도 마찬가지입니다. 모든 것을 동의하고 싶지 않지만 한국인과 일본인은 외모는 비슷해도 행동하는 것을 보고 금세 구별한다고 합니다. 사회의 규범과 질서를 지키는 정도에서 금세 구별되는 것이지요. 각종 규범과 질서를 잘 지키는 사람은 일본인이고 그렇지 못하면 한국인이라는 말이 있습니다. 그렇다면 왜 한국인은 사람에게뿐 아니라 다 함께 지켜야 하는 질서와 사회규범조차 지키지 못하는 것일까요? 여러 가지 원인을 들 수 있겠지만 그것은 무엇보다 가정에서 일찍부터 '순종'에 대해 훈련받지 못했기 때문이라고 생각합니다.

그래서 자녀들은 일찍부터 '순종'을 배워야 합니다. 부모님께 순종하고 가정의 규칙에 순종하는 것을 배워야만 인간관계의 질서와 규칙·규범을 존중하는 사람들로 성장할 것입니다. 이러한 배움이 결국은 눈에 보이지 않지만 존재하고 계신 창조주 하나님께 대한 순종으로 연결되기 때문입니다.

우리 주변에는 자녀교육의 부재로 인하여 불순종하는 아이들을 쉽게 만날 수 있습니다.

예전에 좋은나무성품학교 밀알유치원에 교사의 말에 무척 불순종하는 아이가 있었습니다. 교사가 어떤 지시를 하면 "우리 엄마한테 이를 거야"라고 아예 외면해 버렸습니다. 교사들은 늘 이 아이를 걱정하며 기도하곤 했습니다.

어느 날 유치원에서 소풍을 갔을 때의 일입니다. 이 아이가 돗자리를 갖고 왔는데, 그만 실수로 음료수를 돗자리에 엎질렀습니다. 교사는 돗자리를 닦아 주면서 "돗자리가 젖었으니 앉지 마"라고 말했습니다. 그런데 소풍을 마치고 집으로 돌아간 아이는 "엄마, 선생님이 나

돗자리에 못 앉게 하고 다른 친구를 그 돗자리에 앉게 했어"라고 말했습니다. 엄마는 아이 말만 듣고 화가 나서 다음날 유치원에 전화해 항의했습니다. 당사자인 교사는 그날 있었던 사건에 대해 자초지종을 설명해 주었고, 엄마는 당황해 하며 전화를 끊었습니다. 그러나 다음날 유치원에 온 그 아이는 자신의 행동에 대해 반성하는 기색은 전혀 없었고 오히려 이런 말을 해서 교사들을 놀라게 했습니다.

"우리 엄마가요, 선생님, 유치원 그만두게 할 수도 있대요."

이 아이의 경우에는 아이보다 부모님에게 더 큰 문제가 있었습니다. 유치원에서 그 아이에게 끊임없이 가르침을 주었지만 아이의 태도가 나아질 만하면 엄마는 영재교육을 시킨다며 여기저기 영재 관련 연구소를 데리고 다녔습니다. 이 엄마는 자녀의 인성교육보다는 천재나 영재로 키우는 데 더 관심이 많았던 것입니다.

보다 못한 제가 어느 날, 그 어머니께 이 아이에게 필요한 것은 영재교육이 아니라 유치원에 와서 선생님께 순종하며 수업 시간에 한 시간만이라도 집중하는 것이라고 간곡히 말씀드렸습니다.

누구에게 순종해야 하는가를 아이들에게 가르치는 것은 부모의 역할입니다.

불순종하는 아이들을 가르치려면 부모가 먼저 자신의 부모님께 혹은 권위 앞에 순종하는 모습을 보여 주어야 합니다. 순종의 중요성과 유익을 끊임없이 가르치고 훈련해야 합니다. 또한 순종하는 성품이 바로 하나님이 원하시는 것이며 축복이라는 것도 가르쳐야 합니다.

순종에 대한 성경의 가르침

첫째, 하나님은 우리가 순종하기를 원하십니다.

"다만 그들이 항상 이같은 마음을 품어 나를 경외하며 내 모든 명령을 지켜서 그들과 그 자손이 영원히 복 받기를 원하노라"(신 5:29).

순종하는 것은 부모와 자녀가 동시에 복 받는 길입니다. 순종하지 않는 것은 하나님의 가르침을 어기는 것입니다.

"그런즉 너희는 하나님께 복종할지어다 마귀를 대적하라 그리하면 너희를 피하리라"(약 4:7).

하나님의 말씀에 순종하는 것은 피조물인 인간의 기본적인 의무이자 동시에 특권입니다.

"자녀들아 모든 일에 부모에게 순종하라 이는 주 안에서 기쁘게 하는 것이니라"(골 3:20).

부모에게 순종하는 것이 하나님의 명령이고, 하나님을 기쁘시게 하는 구체적인 행동인 것을 가르치십시오.

둘째, 하나님은 순종하는 자를 축복하십니다.

"오직 내가 이것을 그들에게 명령하여 이르기를 너희는 내 목소리를 들으라 그리하면 나는 너희 하나님이 되겠고 너희는 내 백성이 되리라 너희는 내가 명령한 모든 길로 걸어가라 그리하면 복을 받으리라 하였으나"(렘 7:23).

순종하는 자에게는 유익이 있습니다. 지혜를 얻을 수 있고 장수할 수 있으며 복을 받습니다.

"오직 강하고 극히 담대하여 나의 종 모세가 네게 명령한 그 율법을 다 지켜 행하고 우로나 좌로나 치우치지 말라 그리하면 어디로 가든지 형통하리니"(수 1:7).

하나님 아버지가 명하신 대로 우리가 순종하면 어디로 가든지 형통케 하실 것을 약속하셨습니다.

셋째, 순종은 대개 행동을 수반합니다.

"너희는 말씀을 행하는 자가 되고 듣기만 하여 자신을 속이는 자가 되지 말라(약 1:22).

순종은 수동적으로 따르는 것이 아니라 적극적으로 듣고 겸허하게 실천하는 것을 말합니다. 이것은 선택의 개념이 아니라 반드시 실천해야 하는 것이며, 더디게 하는 것이 아니라 즉각적이고 적극적으로 해야 하는 것입니다.

넷째, 우리는 가장 먼저 하나님께 순종해야 합니다.

하나님께 순종하는 것이 우리가 해야 할 첫 번째 과제임을 알게 하십시오. 왜냐하면 이것은 우리와 자녀가 걸어야 할 축복을 향한 첫 번째 문이기 때문입니다.

"여호와로 인하여 기뻐하는 것이 너희의 힘이니라…"(느 8:10)고 성경은 말합니다. 힘 있게 사는 것의 비결은 여호와를 기뻐하는 삶입니다.

다섯째, 우리는 부모에게 순종해야 합니다.

"네 아버지와 어머니를 공경하라 이것은 약속이 있는 첫 계명이니 이로써 네가 잘되고 땅에서 장수하리라"(엡 6:2-3).

모든 사람은 성공하고 싶고 장수하고 싶은 열망이 있습니다. 그 소원을 성취할 수 있는 비결은 부모를 공경하는 것입니다.

여섯째, 우리는 지도자들에게 순종해야 합니다.

"너희를 인도하는 자들에게 순종하고 복종하라 그들은 너희 영혼을 위하여 경성하기를 자신들이 청산할 자인 것 같이 하느니라 그들로 하여금 즐거움으로 이것을 하게 하고 근심으로 하게 하지 말라 그렇지 않으면 너희에게 유익이 없느니라"(히 13:17).

성경은 자녀를 돌보는 어른들과 자녀를 가르치는 교사들이나 혹은 지도자들에게 순종해야 함을 분명하게 가르칩니다.

일곱째, 순종은 그리 어렵지 않습니다.

"내가 오늘 네게 명령한 이 명령은 네게 어려운 것도 아니요 먼 것도 아니라 하늘에 있는 것이 아니니 … 이것이 바다 밖에 있는 것이 아니니 … 오직 그 말씀이 네게 매우 가까워서 네 입에 있으며 네 마음에 있은즉 네가 이를 행할 수 있느니라"(신 30:11-14).

우리는 순종할 수 있게 해 달라고 하나님께 구할 수 있습니다. 하나님께 도움을 요청할 때 모든 것을 주시는 하나님의 넉넉함이 우리 자녀를 바르게 인도해 주실 것입니다.

순종의 성품을 키우는 성품훈계

자녀가 즉시, 기쁘게, 완벽하게 순종하는 모습을 가르치려면 다음과 같은 훈계의 단계를 반복적으로 거쳐야 합니다.

1단계 순종에 관한 성경 말씀을 찾습니다.

순종에 관한 성경 말씀을 찾아서 성경공부를 하듯이 펴서 읽어 줍니다. 세상의 모든 만물을 지으신 하나님께서 순종하라고 말씀하셨다는 것을 알면 아이의 마음에도 변화가 일어납니다.

2단계 순종과 불순종의 정의에 대해 알려 줍니다.

순종이란 '나를 보호하고 있는 사람들의 지시에 좋은 태도로 기쁘게 따르는 것'(좋은나무성품학교 정의)이란다. 이것은 하나님을 기쁘게 해드리고 많은 사람들에게 사랑을 받게 되는 축복의 길이라는 것을 알려 줍니다 불순종은 자기 고집대로 하는 것이라는 것도 알려 줍니다.

3단계 아이 스스로 자신의 불순종에 대해 반성하며 기도하게 합니다.

"만일 우리가 우리 죄를 자백하면 그는 미쁘시고 의로우사 우리 죄를 사하시며 우리를 모든 불의에서 깨끗하게 하실 것이요"(요일 1:9).

우리는 불순종에 대해 하나님께 용서 받을 수 있습니다. 그러나 부모는 "하나님의 명령이니까 무조건 따라야 해"라고 강요해서는 안 됩니다. 자녀에게 하나님의 원하심이 어떤 것인지 알게 하고 이것을 따랐을 때 축복이 있음을 깨닫게 하세요.

자녀가 자발적으로 따르게 하는 것이 중요합니다.

모든 사람에게 부모님이 계시지만 부모님에 대해 어떤 경험을 했는지에 따라 부모님의 이미지가 달라지는 것처럼 우리가 자녀를 훈계할 때 자녀들에게 하나님을 어떻게 경험시켜 주느냐에 따라 자녀들이 각기 다른 하나님의 이미지를 갖게 됩니다. 부모가 하나님에 대해 "너 그렇게 하면 지옥 가"라고 하거나 "너 그렇게 하면 하나님께 벌 받아"라는 말로 위협하면 정작 하나님의 도움이 필요할 때 아이들은 두려워서 하나님 앞으로 나아가질 못합니다. 왜냐하면 아이에게 부정적인 하나님의 이미지가 형성되었기 때문입니다. 자녀들에게 신앙에 대한 가치관을 심어줄 때 하나님을 수단으로 가르치지 말아야 합니다. 자녀들은 보이는 부모를 통해 보이지 않는 하나님을 이해합니다. 그래서 모든 부모들은 내가 바로 '하나님의 이미지'라는 것을 명심하고 자녀 앞에 서야 될 것입니다.

4단계 불순종으로 마음이 상한 사람과 올바른 관계를 맺습니다.

"예물을 제단 앞에 두고 먼저 가서 형제와 화목하고 그 후에 와서 예물을 드리라"(마 5:24).

만약 아이가 형이나 언니에게 불순종했다면 상대에게 가서 "미안해"라고 용서를 구할 수 있도록 격려하십시오. 그리고 자녀가 부모의 요구에 즉각적인 순종을 했을 때에는 감사의 말을 표현해 주는 것이 좋습니다. "엄마 말대로 해 주어서 참 기쁘구나", "아빠가 시킨 대로 행동해 주니 정말 좋구나", "순종해 주어서 고맙구나" 등의 말을 자주 사용하십시오. 칭찬은 아주 좋은 보상입니다.

순종하는 아이로 만드는 지침

● 아이가 지시나 요구를 따르기 시작하면 그 순종한 행동에 대해 다

음과 같이 칭찬해 주십시오. 아이가 순종했을 때엔 구체적으로 감사의 말을 해주는 것이 좋습니다.

"내 말대로 순종해 주니 참 기쁘구나."

"내가 시킨 대로 행동해 주니 정말 좋구나."

"엄마, 아빠가 요구한 것을 따라 주니 고맙구나."

"네가 … 하는 것이 얼마나 멋있는지(빠른지, 깨끗한지 등) 보렴."

- 일단 아이의 순종에 대해 관심을 보여 준 뒤 부모는 잠깐 동안 자리를 뜰 수는 있지만 아이의 순종을 계속해서 칭찬해 주기 위해 자주 되돌아와야 합니다.

- 만약 아이가 시키지도 않았는데 잔심부름이나 다른 일을 했다면 아이에게 특별한 칭찬을 해주십시오. 조그만 상을 주어도 좋습니다. 그렇게 하면 부모가 따로 시키지 않아도 아이가 알아서 집안일이나 자기가 할 일을 기억해서 하도록 격려할 수 있습니다.

- 순종을 연습하기 위해 일주일에 실천할 수 있는 한두 가지의 지침을 골라 순종을 연습하게 해 보세요.

순종 훈련하기

1-2주 동안 시간을 내서 아이에게 특별히 순종 훈련을 시켜 봅니다. 자녀가 바쁘지 않은 시간을 골라 "휴지(수저, 수건, 잡지 등) 좀 주렴", "~을 이리 가져올래?"와 같은 간단한 일을 요구하십시오. 이것을 '가져오기 지시'라고 하는데 이 지시는 아이에게 매우 쉽고 단순한 노력만을 요합니다. 몇 분 동안에 이 같은 지시를 5-6가지 정도 시켜 봅니다.

아이가 그 지시 하나하나에 순종할 때마다 "네가 엄마 말을 잘 들으니까 정말 좋다", "엄마가 요구한 것을 해 주니 참 기쁘구나, 고맙다" 등 아이의 순종에 대해 구체적인 칭찬을 해 주십시오. 매일 몇 회씩 이런 순종 훈련 시간을 갖도록 노력하십시오. 요구들이 단순하고 간단하기 때문에 대부분의 아이들(심지어 문제행동을 갖고 있는 아이들조차도)이 잘 따라 줄 것입니다. 이 순종 훈련 시간은 자녀의 '잘한 일'을 찾아내어 순종한 자리에서 칭찬해 줄 수 있는 좋은 기회가 될 것입니다. 아이들은 어른들이 어렵다고 생각하는 것들도 쉽게 이해하는 경향이 있으며, 함께 배울 때 흥미를 더 느낍니다. 그리고 이런 활동이 효과적인 학습으로 연결됩니다.

이 책을 읽는 부모님들도 자기 자녀만 훈계하려고 하지 마시고 친인척의 자녀들을 함께 모아놓고 아래와 같이 순종과 불순종에 대한 이야기를 재미있고 자연스럽게 들려준다면 더욱 많은 교육적 효과를 얻게 될 것입니다.

예전에 '좋은나무성품학교 어머니들의 모임'에서 어머니들에게 강의할 때보다, 아이들이 훨씬 더 빨리 강의 내용을 흡수하는 것을 보았습니다. 무엇보다 아이들 스스로 체험한 것이어서 빨리 이해했지요.

매주 토요일 저녁이면 저희 집에서 몇몇의 가정이 모여 가족 성경공부를 합니다. 각 가정의 부부와 자녀들이 모두 모이면 17명 정도가 됩니다. 함께 찬양하고 성경공부를 하며 의미 있는 시간을 갖고 있습니다. 전체 모임 후에 1층에서는 저의 남편의 주도로 부부 성경공부를 하고, 2층에서는 저와 아이들이 함께 성경공부를 하고 있습니다. 다섯 가정의 아이들은 모두 10명 정도 되며 초등학생부터 중학생까지 다양합니다.

어느 토요일 오후였습니다. 저는 아이들을 따로 2층에 불러 모았습니다. 그리고는 각 가정을 대표해서 노래를 부르게 하였습니다. 이른바 '가문 대항 노래자랑'이 열린 것입니다. 아이들은 정말 좋아했습니다. 노래자랑이 끝나자 저는 아이들에게 순종과 불순종에 관한 내용을 들려준 후에 이야기를 나누었습니다. 제가 먼저 아이들에게 물었습니다.

"누가 불순종했던 사례를 이야기해 볼래?"

한 아이가 대답했습니다.

"우리 형은 엄마가 세수하라고 말했는데, '네'라고 대답만하고 계속 TV를 보았어요. 이것은 불순종이에요."

"왜 그것은 불순종일까?"

이번에는 몇 명이 함께 비슷한 대답을 했습니다.

"즉각적으로 하지 않았잖아요. 순종은 즉각적으로, 기쁘게, 완벽하게 수행하는 거예요."

아이들은 너무나 분명하게 순종에 대해 알고 있었습니다. 그래서 저는 순종에 대해 좀 더 상세히 가르쳐 준 다음에 다시 물었습니다.

"우리가 누구에게 순종해야 할까?"

아이들은 자신 있게 대답했습니다.

"하나님께 순종해야 하고 부모님과 지도자에게 순종해야 해요."

"순종하지 않았을 때에는 어떻게 될까?"

"순종하지 않을 때는 위험해 처할 수도 있어요. 결국은 손해이지요. 뭐~"

"복 받을 수 없어요", "하나님께서 기뻐하지 않으세요."

이처럼 아이들은 제가 생각했던 것보다 순종과 불순종에 관한 해답을 잘 알고 있었습니다.

순종과 불순종은 부모와 자녀의 관계에만 해당되지 않습니다. 남편과 아내와의 사이에도 적용됩니다. 여러분의 가정에서 가장 권위를 가져야 하는 사람은 누구라고 생각하십니까? 바로 남편입니다. 예전에 좋은나무성품학교 밀알유치원 어머니들과 했던 성경공부에서 '순종'에 관해 이 말을 하였더니 한 어머니가 "어떻게 남편에게 '순종'이라는 말을 쓸 수가 있나요?"라고 반문하였습니다. 현대 여성들은 남성과 동등하기에 가정에서도 아내가 남편에게 '순종을 한다'는 의미가 너무 낯설게 들렸나 봅니다. 그러나 성경은 "아내들이여 자기 남편에게 복종하기를 주께 하듯 하라"(엡 5:22)라고 말씀하시며, 아내들이 자신의 남편에게 순종하기를 "주께 하듯 하라"고 하십니다.

순종은 그 사람이 나보다 낫기 때문에 의무감만으로 복종하는 것이 아닙니다. 남편이 가정의 머리라고 한다면 아내는 목이라고 할 수 있습니다. 머리를 움직일 수 있는 유일한 방법은 순종입니다. 순종하지 않고 머리를 움직이게 할 수는 없습니다. 그러나 반대로 목이 움직여 주지 않으면 머리가 하고자 하는 일도 이룰 수가 없습니다. 머리가 움직이기 위해서는 반드시 목의 동의와 협조가 필요하기 때문입니다.

한 가정에서 남편들이 가장 힘들어할 때는 바로 아내가 자신의 말에 순종하지 않을 때나 남편을 무시할 때라고 합니다. 한 가정에서 남편의 권위는 상징적인 의미를 가집니다. 아내는 남편의 권위를 인정하고, 남편 역시 아내의 동의와 협조를 구함으로 아내의 권위를 지켜주어야 합니다. 작은 일에도 서로의 동의를 구하고 허락을 구하는 것이 바람직합니다. 아내들은 자기가 하고 싶은 대로 의사 결정을 하지 말고 먼저 남편에게 "내가 이렇게 하고 싶은데 당신 생각은 어때요?"라고 동의를 구하는 것이 바람직합니다.

자녀들은 욕구가 있을 때 먼저 어머니에게 이야기를 합니다. 어머니는 이때 혼자서 즉각적인 결정을 하지 말고 아이에게 "엄마가 아빠

하고 상의한 후에 말해 줄게"라고 하거나 "아빠에게 여쭈어 보고 말해 줄게", "아빠가 허락하시면 해라" 하며 아버지에게 그 역할을 미루어 주십시오. 이렇게 하면 어머니는 실수하지 않고 생각할 수 있는 시간을 얻게 되고 아이들에게 아버지의 존재를 확인시켜 주면서 아버지의 권위를 가정 속에서 세울 수 있습니다. 또한 항상 부모가 함께 상의해서 결정한다는 생각을 아이들에게 심어줄 수 있습니다.

부부가 서로 상대방에게 순종하는 본을 자녀에게 보여 준다면 이 자녀는 훨씬 더 깊게 순종에 대해 배울 수 있습니다.

맞벌이 가정이 많이 증가했지만, 아직도 많은 가정의 아빠들이 과중한 업무로 늦게 귀가합니다. 자녀들과 함께할 시간이 턱없이 부족하지요. 그러다 보니 아이들은 자연스럽게 모든 것을 어머니와 의논하고 해결하고자 합니다. 이렇게 될 때 아버지의 권위가 약해집니다. 어머니는 어머니대로, 해결하고 결정해야 할 일들이 많아지면서 점점 힘에 부치게 됩니다.

자녀에 대한 훈계는 어머니 혼자의 몫이 아닙니다. 부부 공동의 몫입니다.

남편이 회사일 때문에 자녀와 함께하는 시간이 부족하다고 하더라도 그럴 때일수록 어머니는 자녀들에게 아버지의 존재를 부각시켜 주고 권위를 불어 넣어 주어야 합니다.

변화하는 아이들
– 좋은나무성품학교 사례

네 살배기 민희를 좋은나무성품학교에 보낸 후, 우리 집은 순종의 가정이되었습니다. "엄마, 순종이란… 이거 해봐" 하며 열심히 손동작을 하는 민희를 따라 하다 보니 순종의 정의를 온 가족이 다 외우게 되었습니다.

어느 날부터 이를 잘 닦다가도 닦지 않겠다고 떼를 쓰며 침대에 누워버리는 민희를 보며 고민을 하다가 문득 머릿속에 떠오르는 생각에 "민희야, 순종이란?" 했더니 갑자기 침대에서 벌떡 일어나 "순종이란 이 닦기 싫어도 엄마가 이 닦으라고 하면 즉시 이를 닦는 것" 하면서 욕실로 달려가 이를 닦는 민희를 보며 깜짝 놀랐습니다. 그 이후 초등학생인 민희 언니도 민희를 통해서 순종을 배우게 되었습니다.

부모인 우리도 아이들 앞에서 순종하는 모습을 보여야겠다는 마음으로 민희 할아버지, 할머니께서 말씀하시는 것은 무조건 "예"로 시작하게 되었습니다. 좋은나무성품학교를 통해 민희 언니 때는 느끼지 못했던 성품의 기쁨을 누리고 있습니다.

_좋은나무성품학교 J어린이집 / ○민희 원아의 어머니

2
불평하는 아이, 감사하는 아이로 키우는 성품훈계법

감사란?

현대는 물질만능의 시대입니다. 무엇이든지 물질로 대신하려고 합니다. 바쁜 부모들이 물질을 쫓아 살다가 부모의 사랑을 요구하는 자녀들에게 물질로 보상하려 듭니다. 그래서 더욱 자녀들의 마음이 '부족한'마음으로 변해 버립니다.

사랑을 갈구하던 마음이 사랑으로 채워지지 않을 때 눈에 보이는 물건들에 집착을 보이는 현상이 늘어나고 있습니다. 어떤 아이는 갖고 싶은 것을 절제하는 법을 배우지 못했습니다. 어려서부터 갖고 싶었던 것이면 무엇이나 가질 수 있는 환경에서 자라난 아이들이, 오히려 자신이 가지고 있는 것에 만족하지 못하고 없는 것에 집중하여 부족한 마음을 느끼기도 합니다.

일찍부터 자녀에게 감사를 가르쳐야 합니다.

감사란 '다른 사람이 나에게 어떤 도움이 되었는지 인정하고 말과 행동으로 고마움을 표현하는 것'(좋은나무성품학교 정의)입니다.

성경도 "범사에 감사하라 이것이 그리스도 예수 안에서 너희를 향하신 하나님의 뜻이니라"(살전 5:18)고 했습니다.

나의 주변에 존재하는 모든 것에 감사해 하는 마음을 가르치는 것은 자녀의 삶을 풍성한 기적으로 가득하게 만들어 줄 것입니다.

어린이가 남의 물건을 훔치는 행동은 그 아이가 품고 있던 분노, 외로움, 상처 등이 나타나는 행동일 수 있습니다. 그러므로 자녀가 다른 사람의 물건을 가져올 때에는 조심스럽게 질문하여 표면에 나타난 행동 이외에 어떤 문제가 있는지 그 뿌리를 알아내야 합니다. 훔치는 마음은 아이의 마음에 부족함이 있다는 표시이고 그 반대의 마음이 만족감인 것입니다.

훔친다는 것은 무엇일까요? 훔친다는 것은 다른 사람에게 속한 것을 허락 없이 가져오는 것을 말합니다. 그렇다면 만족감이란 무엇일까요? 만족감이란 내가 이미 가지고 있는 것에 흡족해하는 것입니다. 자녀에게 자기가 현재 처한 상황에 감사하는 마음을 가르치는 것이 중요합니다.

가끔 아이들이 부모가 사준 적이 없는 새로운 장난감이나 신기한 물건들을 집으로 가져오는 경우가 있습니다. 어디서 생겼냐고 물어보면 대개 "친구 집에서 가져왔어요", "선생님이 주셨어요"라고 말합니다. 자녀가 유치원이나 친구 집에서 물건을 가져오면 부모들은 도벽이 있는 건 아닌지 당황하게 됩니다. 어떤 부모들은 자녀가 남의 물건이나 유치원 교구를 집으로 가져오면 도둑질이라고 생각하여 과민 반응을 보이는 분들이 있습니다.

그러나 너무 과민한 반응을 보이면 오히려 아이에게 바람직하지 못합니다.

여기서 주의할 점은 유아들이 남의 물건을 가져오는 것은 어른들이 생각하는 '도벽'이라는 것과는 다른 차원에서 바라보아야 한다는 것입니다. 아이들이 무언가를 훔치는 행위는 행동적인 측면에서 바라볼 것이 아니라 심리적인 측면에서 접근해야 합니다. 유아기는 자기중심적이며 다른 사람의 입장에서 이해하지 못하는 시기입니다. 또한 도덕성이 발달되지 않아 남의 물건을 집으로 가져오는 등의 특이한 행동을 저지르기도 합니다. 아이들이 남의 물건을 가져오는 것은 부모님의 사랑이 부족하다거나 어떤 일에 스트레스를 받을 때 또는 무언가를 갖고 싶은 욕구가 강할 때 나타나는 일시적인 행동으로 분석할 수 있습니다. 그리고 자기 물건과 남의 물건에 대한 소유개념이 명확하지 않기 때문에 발생하기도 합니다.

아이들은 작고 예쁘게 생긴 것을 보면 갖고 싶어 합니다. 그래서 남의 물건을 갖는 것이 나쁜 행위인지를 모른 채 집으로 가져오게 됩니다. 이럴 때 부모님의 태도가 중요합니다. 그런데 '이까짓 작은 것 하나쯤 가져왔다고 뭐 큰 문제가 될까?'라고 대수롭지 않게 여기지 말고 엄격히 다루어야 합니다. 또한 "그것은 네 것이 아니고 남의 것이야. 그것은 돈을 내고 산 사람의 것이란다. 돈을 내고 산 사람을 '주인'이라고 하는데 주인의 허락 없이는 아무 것도 가져와서는 안 된단다", "이것은 유치원 친구 모두의 것이란다. 너 혼자 집에 가지고 와서 놀 수는 없어. 유치원에 가져다 놓아라" 하고 분명한 지침을 주어야 합니다. 자녀에게 사회의 기준과 도덕적 양심을 가르치고 키워 주는 것은 대단히 중요합니다.

세상을 떠들썩하게 했던 한 도둑은 이렇게 술회한 적이 있습니다.

"내가 도둑질하는 버릇은 아버지로부터 배웠다. 어린 시절 아버지는 회사에서 쓰는 볼펜과 종이 등을 나에게 갖다 주시며 마음껏 쓰라고 하셨다. 나는 그때 '남의 물건은 가져와도 되는 것이구나. 내가 써도 괜찮은 것이구나'라고 생각했다."

이처럼 자녀에게 미치는 부모의 영향은 막대합니다.

부끄러운 얘기지만 제가 세 아들을 키우면서 아들들이 물건을 훔친 사례가 두 번 있었습니다.

큰아들이 세 살 때 저희 부부는 미국에서 유학 중이었습니다. 쇼핑을 하고 난 후 승용차를 타니, 아이가 움찔거리며 이상했습니다. 가만히 살펴보니 못 보던 장난감 자동차 하나를 손에 쥐고 있었습니다. "이걸 누가 주었니?"라고 묻자 아이는 말을 못했습니다. 저는 "엄마는 너를 못 보아도 늘 너를 보고 계시는 분이 있는데 그분이 바로 하나님이야. 이것을 네가 어디서 가져왔는지 엄마는 못 보았지만 누가 보았을까?"라고 물었습니다. 그러자 아이는 "하나님이요"라고 대답했습니다.

그 말이 떨어지자마자 저는 울었습니다. 아이가 물건을 훔쳤다는 사실에 가슴이 아팠고 원하는 대로 장난감을 못 사주는 가난한 유학생 엄마 때문에 이것을 훔쳤나 하는 생각이 들어 울었습니다. 제가 울자 큰아들은 "엄마, 잘못했어요"라고 하더군요.

저는 울음을 그치고 큰아들에게 "네가 가지고 온 곳으로 가보아라"라고 말했습니다. 아들은 장난감 자동차를 들고 쇼핑센터의 매장 안으로 들어갔습니다. 아들을 따라가 보니 장난감 코너가 나왔습니다.

"어떻게 할래?"

"여기에 놓을게요."

저희 모자는 장난감 코너에 자동차를 두고 집으로 돌아왔습니다. 큰아들은 물건을 훔쳐서 꾸중을 들은 것보다 엄마가 눈물을 보였다는 사실을 더 오랫동안 마음속에 간직하는 것 같았습니다.

둘째 아이에게도 이런 비슷한 일이 있었습니다. 어느 여름날이었습니다. 제가 막내에게 아이스크림을 주었더니 이렇게 말했습니다.

"엄마, 작은 형이 가게에서 아이스크림을 몰래 꺼내 먹었어요."

"언제 그랬는데?"

"며칠 전에요."

저는 둘째를 불러다 자초지종을 물었습니다. 아이는 동네에 사는 한 살 많은 형과 슈퍼에서 주인 몰래 아이스크림을 먹었다고 했습니다. 저는 둘째를 데리고 아이스크림을 함께 먹은 아이를 찾아갔습니다. 아이의 부모는 직장에 가고 없었고 그 아이와 할머니가 있었습니다. 제가 아이에게 아이스크림 사건에 대해 묻자 눈을 아래위로 깔면서 "아니에요. 안 훔쳤단 말이에요!"라고 부정하더군요. 그래서 저는 그 아이를 엄하게 꾸짖었습니다. 그랬더니 아이는 아이스크림 가격을 치르지 않고 몰래 먹었음을 순순히 고백했습니다.

저는 두 아이를 데리고 슈퍼의 주인을 만났습니다. 그리고 아이들에게 물건을 훔친 것에 대해 주인에게 잘못을 빌라고 했습니다. 아이들은 "아저씨, 잘못했어요"라고 말했습니다.

저는 아이스크림 값을 주인에게 주었습니다. 그러자 슈퍼 주인은 당황을 했는지 안 받겠다고 하더군요. 그렇지만 나는 "이 아이들의 올바른 교육을 위해서라도 받아주세요"라며 돈을 지불했습니다.

그런데 그날 밤 둘째와 함께 아이스크림을 몰래 먹었던 이웃집 아이의 부모가 우리 집으로 전화를 했습니다. "당신 왜 우리 아이를 망신시키고 다녀! 우리 아이는 아이스크림을 몰래 먹은 적이 없다고 하는데 말이야. 왜 누명을 씌우고 그래!"라면서 화를 내는 것입니다.

"나한테는 아드님이 돈을 지불하지 않고 아이스크림을 먹었다고 고백했어요."

"우리 아이가 몇 대 독자인 줄 알아? 당신 아이나 잘 키워!"

나중에 알고 보니 할머니로부터 사건 이야기를 들은 부모가 아이에게 "물건 훔쳤어, 안 훔쳤어?"라고 무섭게 다그친 모양이었습니다. 부모에게 매를 맞는 것이 두려웠던 그 아이는 아이스크림을 안 훔쳤다고 거짓말을 했던 거죠.

이처럼 똑같이 자녀를 키우는데 부모마다 기준이 다릅니다. 몇 대 독자라는 사실이 문제가 아니라 부모가 어떤 기준을 갖고 자녀들을 교육할지가 중요합니다. 자녀들이 잘못된 행동을 했을 때 부모들이 어떻게 대처해야 할지가 중요합니다.

부모에게 확고한 기준이 없으면 아이들은 오히려 혼란스러워집니다.

훔치는 것에 대한 성경의 가르침

하나님 아버지의 말씀은 훔치는 것에 대해서 어떻게 말씀하시는지 살펴보겠습니다.

첫째, 훔친다는 것은 다른 사람이 가진 것을 욕심내는 것입니다. 또한 허락 없이 가져가는 것이며 남의 것을 탐내는 것입니다.

"너희는 도둑질하지 말며 속이지 말며 서로 거짓말하지 말며"(레 19:11).

"네 이웃의 집을 탐내지 말라 네 이웃의 아내나 그의 남종이나 그의 여종이나 그의 소나 그의 나귀나 무릇 네 이웃의 소유를 탐내지 말라"(출 20:17).

둘째, 하나님은 비록 작은 것일지라도 우리가 정직하기를 원하십니다.

"지극히 작은 것에 충성된 자는 큰 것에도 충성되고 지극히 작은 것에 불의한 자는 큰 것에도 불의하니라"(눅 16:10).

셋째, 훔치는 마음은 부족한 마음에서 기인합니다.

그래서 만족한 마음을 가르쳐야 합니다. 하나님은 만족감에 대해 말씀하십니다.

"…있는 바를 족한 줄로 알라 그가 친히 말씀하시기를 내가 결코 너희를 버리지 아니하고 너희를 떠나지 아니하리라 하셨느니라"(히 13:5).

"네가 이 세대에서 부한 자들을 명하여 마음을 높이지 말고 정함이 없는 재물에 소망을 두지 말고 오직 우리에게 모든 것을 후히 주사 누리게 하시는 하나님께 두며"(딤전 6:17).

넷째, 예수님은 풍성하게 자신의 삶을 주시는 분입니다.

절대 훔치는 분이 아님을 가르쳐 주십시오. "우리가 다 그의 충만한 데서 받으니 은혜 위에 은혜러라"(요 1:16).

다섯째, 내 자녀가 물건을 훔쳤다면 어떻게 해야 할까요?

먼저, 하나님께 용서를 비는 기도를 가르쳐야 합니다. 다음으로, 되돌려 주어야 한다고 가르쳐야 합니다. 물건을 되돌려 주면서 상대방에게 용서를 구하게 하십시오.

"…도둑은 반드시 배상할 것이나…"(출 22:3).

마지막으로 용서받는 기쁨을 누리게 하십시오. 죄책감으로 괴롭게 하지 말고 용서의 기쁨과 안도감을 느끼게 하십시오. 하나님의 용서는 동쪽이 서쪽과 서로 반대편에 있어 먼 것 같은 영원한 용서인 것을 알게 하십시오.

"동이 서에서 먼 것 같이 우리의 죄과를 우리에게서 멀리 옮기셨으며"(시 103:12).

감사의 성품을 키우는 성품훈계

만약 자녀들이 남의 물건을 허락 없이 가져올 때에는 다음과 같은 순서로 훈계하십시오.

1단계 만족감에 대한 성경 말씀을 들려줍니다.

이때 부모는 자녀가 물건을 훔치게 된 동기가 무엇인지를 파악하도록 합니다.

2단계 훔치는 것이 무엇인지, 만족감이 무엇인지 등에 대해 알려 주어야 합니다.

"다른 사람의 것을 허락 없이 가져오는 것은 옳은 행동이 아니란다. 좋은 행동은 내가 가지고 있는 것에 기뻐하는 것이야"라고 들려줍니다. 이를 통해 자녀 스스로 무엇을 잘못했는지를 알게 합니다.

3단계 우리가 만약 다른 사람의 것을 훔쳤다면 그것은 하나님께 용서받을 수 있습니다.

아이가 어떤 물건을 훔쳤을 때 하나님께 용서를 비는 기도를 하게 합니다.

"하나님 아버지, 제가 친구의 장난감이 갖고 싶어서 집에 가지고 왔어요. 내일은 친구에게 장난감을 갖다 주겠어요. 앞으로는 이런 행동을 하지 않겠습니다. 용서해 주세요" 우리는 훔친 것에 대해서 하나님께 용서 받을 수 있습니다.

4단계 그런 다음 자녀가 가져온 물건을 주인에게 그대로 되돌려 주도록 가르치세요.

만약 훔친 물건을 분실했거나 소비했다면 훔친 것만큼 상환할 수 있어야 합니다. 남의 물건을 가져오는 아이들의 경우 평소에 자신이 갖고 싶어 하던 물건이라서 충동적으로 가져온 것일 수도 있습니다. 또한 갑작스런 생활의 변화로 인해 마음이 불안해서 남의 물건을 가져올 수도 있습니다. 남의 물건을 가져왔을 때 부모는 일단 옳지 못한 행동임을 알려 줍니다. 물건을 가져오는 일이 계속 반복될 때에는 한 번쯤 따끔한 꾸중을 하고 점차 아이와 함께 노는 시간을 늘려가며 부모와 자녀간의 신뢰감을 회복하는 것이 좋습니다. 또한 갖고 싶은 물건을 모두 가질 수 없음을 인식시켜 주시고 자녀의 인내심을 길러 주는 것도 필요합니다.

남의 것을 가져오는 행위를 방지하는 가장 좋은 방법은 부모의 사랑을 주는 것입니다.

자녀의 말과 행동에 관심을 기울여 주시고 많은 신체적인 접촉을 해주는 것이 필요합니다.

변화하는 아이들
– 교구 훔치는 아이

그 아이가 좋은나무성품학교 밀알유치원에 입학한 것은 5세 때였습니다. 귀엽게 생긴 눈망울에 동그란 입술. 얼핏 보아도 의사 자제다운 귀티가 보인다고나 할까요? 귀엽고 앙증맞은 모습이었습니다. 그러나 조금 후 그 모습과는 달리 그 아이 입에서 나오는 소리가 우리 모두를 당황하게 했습니다. 다른 아이들이 조금만 자기를 귀찮게 해도 험한 소리를 하는 등 어린아이답지 않은 폭력적인 언행이 이상하여 어머니를 학교로 오시라고 했습니다.

어머니는 결혼생활에 지쳐 있는 분이셨습니다. 의사인 아이 아빠와 의사소통이 안 되어 날마다 부부 싸움으로 일관하다가 이제는 지쳐 결혼하기 전의 자기 직업으로 복귀했다고 했습니다. 그래서 자신이 퇴근할 때까지 집에서는 아빠의 고모할머니가 그 아이와 형을 돌보고 있다고 했습니다. 고모할머니는 나이가 많은 전형적인 시골 할머니로 입이 거칠고 사납다고 말했습니다. 아이가 그 할머니의 말버릇을 흉내 내는 것 같다고 엄마는 말했습니다. 저는 담임 선생님과 함께 아이 엄마에게 부탁했습니다. 아이에게 더 많은 사랑과 관심을 보내 달라고. 그러나 상담을 마치는 동안 우리는 서늘한 바람이 불고 있음을 느꼈습니다. 이미 엄마는 아이에 대한 애착이나 관심이 없는 상태였습니다. 돈은 있지만 애정이 없는 가정. 안타깝게도 그 아이는 그런 가정의 아이였습니다.

그런데 이 아이가 여섯 살이 되어 말문이 트이자 기적을 보는 듯했습니다. 전에는 말없이 폭력적이었는데, 말문이 트이자 자신을 정말 사랑해주는 담임 선생님에게 그동안의 자신의 인생을 쏟아 놓기 시작한 것입니다. 매일 아침 유치원에 오면 자신의 이야기를 거리낌 없이 시작했습니다.

아빠가 청진기로 엄마 머리를 때려 피가 났던 이야기, 형이 자기를 발로 밟아 아프게 한 이야기, 할머니는 형만 편들어서 자기는 아무도 없다는 이야기 등. 작은 아이의 가슴에 너무나 불행한 세상 이야기가 가득 담겨져 있었습니다. 매일 아침 자신의 이야기를 경청해 주는 담임 선생님에게 자기가 억울했던 이야기를 하면서 서서히 마음속 응어리들이 풀어져 가고 있었습니다.

그러면서 아이의 폭력적인 행동이 눈에 띄게 사라지기 시작했습니다. 그런데 이상한 행동을 반복하는 모습이 발견되었습니다. 매일 귀가하려다 말고 이 아이는 유치원 교구를 살며시 손에 쥐고 가방에 몰래 넣는 것이었습니다. 담임 선생님은 이 아이를 어떻게 해야 할지 저에게 상담하러 왔습니다. 저는 계속적으로 사랑과 관심을 계속 주라고 지시했습니다.

모든 밀알의 교사들이 이 아이를 놓고 기도하기 시작했습니다. 날마다 이 아이가 멀리서라도 보이면 누가 먼저랄 것 없이 뛰어가서 이 아이를 반겨 주고 안아 주었습니다. 담임은 물론 원감님, 주임님, 주방 아줌마들, 기사 아저씨들, 모두가 이 아이를 환영하고 사랑을 표현해 주었습니다. 그래도 아이는 몰래 유치원 교구를 가방에 넣어 다니는 일을 계속했습니다. 담임은 그럴 때마다 고모할머니에게 전화해서 내일 아이 가방 속에 있는 것을 그대로 보내 달라고 부탁하곤 했습니다. 얼마가 지났을까요? 언제부터인지 이 아이는 더 이상 유치원 교구를 몰래 넣어 다니지 않기 시작했습니다. 차분한 모습으로 여유 있게 웃는 그의 모습은 호감이 가는 어린이가 되어 조용히 학급에서 자신의 일들을 즐기는 아이가 되어 있었습니다. 더 이상 폭력적인 말이나 폭발하는 화도 그리고 유치원 물건을 훔치는 모습도 보이지 않았습니다.

어느 날 그 아이는 수업이 끝나서 집으로 돌아가는 준비를 하려다 말고 담임 선생님에게 진지하게 질문하였다고 합니다.

"선생님, 유치원에는 하나님이 있는데 왜 집에서는 없어요?"

우리는 그날, 성령 하나님께 간절히 기도했습니다. 그 아이의 집에도 주님이 계심을 이 아이가 알게 해달라고요.

이제는 멋진 성인의 모습으로 변해 있을 것 같은 이 아이의 이야기를 쓰다 보니 어느새 제 마음이 지난 시간으로 인해 따뜻해지는 것을 느끼게 됩니다. 그렇습니다. 이 아이는 물건이 탐난 것이 아니었습니다. 자신의 내면에 있는 부족함을 채우고 싶은 욕구의 표현이었던 것입니다.

3

불친절한 아이, 긍정적인 아이로 키우는 성품훈계법

긍정적인 태도란 '어떤 상황에서도 가장 희망적인 생각, 말, 행동을 선택하는 마음가짐'(좋은나무성품학교 정의)입니다. 어려서부터 가장 좋은 생각을 선택하게 하고 가장 좋은 말을 선택하여 말하게 하고 가장 좋은 태도로 행동하게 하는 것이 바로 긍정적인 태도의 성품을 키워주는 것입니다. 말은 바로 그 사람의 성품입니다. 그래서 부모는 자녀들이 어떤 말을 사용하는지 살펴보고 좋은 성품의 말을 사용하도록 격려해 주어야 합니다.

친절한 말이란?

친절한 말은 어떤 것일까요? 친절한 말은 우리의 말로 다른 사람을 격려하는 것입니다. 이것은 그 사람에 대한 존경을 나타냅니다. 그렇다면 불친절한 말은 어떤 것일까요? 불친절한 말은 말로 다른 사람의 감정을 상하게 하는 것을 말합니다.

많은 부모들은 무의식적으로 자녀들에게 불친절한 말을 사용합니다. 특히 자녀가 잘못된 행동을 저질렀을 때는 화가 나서 무의식적으로 불친절한 말을 사용하게 됩니다.

말은 굉장한 세력이 있습니다. 그래서 성경에는 "혀는 곧 불이요 불의의 세계라 혀는 우리 지체 중에서 온 몸을 더럽히고 삶의 수레바퀴를 불사르나니 그 사르는 것이 지옥 불에서 나느니라"(약 3:6)고 기록되어 있습니다. 혀는 잘 사용하면 불처럼 유용하지만 잘못 사용되면 불처럼 큰 화를 만드는 위력이 있기 때문입니다.

어떤 부모가 아이들에게 자기도 모르게 홧김에 저주의 말을 내뱉었다고 합시다. 대부분의 부모들은 아이가 그 말을 그냥 잊었을 것이라고 생각합니다. 그리고 나중에 사랑한다고 말하면 부모 자신의 실수나 잘못은 무마될 것이라고 생각합니다. 그러나 말은 그냥 흘러가지 않습니다.

H. W. 롱펠로가 "내뱉는 말은 상대방의 가슴 속에 수십 년 동안 화살처럼 꽂

혀 있는 것"이라고 했듯이, 말은 가슴속에 쌓입니다.

부모가 하는 험한 말들은 사랑하는 자녀의 여린 가슴속에 차곡차곡 쌓이는 것입니다. 눈에는 안 보이지만 입에서 내뱉는 말들은 많은 세력이 있습니다.

그러므로 부모들은 말할 때 조심해야 합니다. 함부로 말하지 말고 단어를 잘 선택해서 자녀에게 훈계해야 합니다. 그래야 아이에게 바른 언어생활의 본을 보일 수 있습니다.

말은 사람의 생명을 살리기도 하고 죽이기도 하는 위력이 있습니다. 세계적인 명사들은 수세대를 걸쳐 말의 중요성에 대해 강조해 왔습니다. 당나라의 풍도(馮道)라는 시인은 "입은 곧 재앙의 문이요, 혀는 곧 몸을 자르는 칼이다. 입을 닫고 혀를 깊이 감추면 처신하는 곳마다 몸이 편하다(口是禍之門, 舌是斬身刀, 閉口深藏舌, 安身處處牢)"라는 시를 남겼는데 이 시는 훗날 철저한 언론 봉쇄를 위해 연산군이 신언패(愼言牌)에 새겨 백성들의 목에 달게 하기도 했습니다.

말은 곧 성품

부모 된 우리는 자녀의 모본으로서 말하기 전에 조심스럽게 생각하며 자녀에게 친절을 가르쳐야 합니다. '가는 말이 고와야 오는 말이

곱다'는 옛 속담은 그저 착하게 살라는 말이 아닙니다.

친절한 말은 곧 훌륭한 성품이라는 말입니다.

우리는 불친절한 말로 상처를 입힌 사람에게 용서를 구해야 합니다. 만약 아이가 불친절한 말로 다른 사람에게 상처를 주려 했다면 어떻게 훈계해야 할까요?

첫째, 불친절한 말과 친절한 말에 관련된 명언을 찾아 들려 주거나 스스로 읽게 합니다.

"말은 마음의 초상이다." _J.레이

"다정하고 조용한 말은 힘이 있다." _R.W.에머슨

"말이 입힌 상처는 칼이 입힌 상처보다 깊다." _모로코 속담

둘째, 불친절한 말과 친절한 말에 대하여 들려줍니다. 불친절한 말은 나쁜 행동임을 알려 주어야 합니다.

셋째, 불친절한 말을 한 상대에게 "미안해" 하고 사과하도록 합니다.

"형, 내가 아까 욕을 해서 마음이 아팠지? 앞으로는 좋은 말만 쓸게", "친구야, 내가 조금 전에 나쁜 말을 해서 미안해!"라고 할 수 있도록 가르쳐야 합니다.

다음의 사례를 보면서 생각해 봅시다.

한 아이가 태권도 도장에 갔습니다. 그런데 이 도장의 태권도 사범이 역학을 배워서 심심풀이로 아이들의 사주팔자를 봐 주곤 했습니다.

어느 날, 한 아이의 사주팔자를 본 사범은 "너는 열여덟 살에 객사하겠다. 너는 단명하게 되는 팔자를 타고났어"라고 했습니다. 아이는 그 말을 듣고 상당한 충격을 받았습니다. 성장하면서도 계속 열여덟 살에 죽는다는 말이 잊히지 않았습니다. '내가 공부는 해서 뭘 해. 얼마 안 있으면 죽을 텐데' 매사에 그런 식으로 열여덟 살이 되면 죽는다는 말에 사로잡혀 살았던 것입니다. 어느덧 그 아이가 열여덟 살이 되었습니다. 그러나 아이는 열여덟 살이 지나도 스무 살이 되어도 죽지 않았습니다. 태권도 사범의 말이 틀린 것이었습니다. 그러나 그 아이의 삶은 이미 돌이킬 수 없을 정도로 파괴되어 있었습니다.

부모도 자녀에게 친절한 말을 해주어야 합니다. 화가 난다고 함부로 욕하거나 격한 감정을 그대로 뱉어 버리면 자녀에게 지울 수 없는 상처를 주게 됩니다. 그런 말들은 자녀에게 생명을 주는 것이 아니라 자녀를 죽이는 말입니다.

친절한 말에 대한 성경의 가르침

성경은 '말'에 대해서 다음과 같이 말씀하고 있습니다.

첫째, 하나님 아버지는 친절하십니다. 우리의 영원한 모본은 하나님 아버지이십니다. 부모 된 우리는 자녀에게 하나님의 친절을 가르쳐야 합니다.

"여호와는 선하시니 그의 인자하심이 영원하고 그의 성실하심이 대대에 이르리로다"(시 100:5).

"여호와는 은혜로우시며 긍휼이 많으시며 노하기를 더디 하시며 인자하심이 크시도다"(시 145:8).

둘째, 하나님 아버지는 말의 중요성에 대해서 다음과 같이 말씀하십니다.

"선한 말은 꿀송이 같아서 마음에 달고 뼈에 양약이 되느니라"(잠 16:24).

셋째, 하나님 아버지는 우리가 말하기 전에 조심스럽게 생각하기를 원하십니다.

넷째, 불친절한 말로 상처를 입힌 사람에게 용서를 구해야 합니다.

긍정적인 태도를 키우는 성품훈계

아이가 공격이나 상처를 받아서 불친절한 말로 다른 사람에게 앙갚음을 하려 했다면 어떻게 훈계해야 할까요?

1단계 먼저 불친절한 말과 친절한 말에 관련된 성경 말씀을 찾아 들려주거나 스스로 읽게 합니다.

선한 말은 바로 친절한 말이며 우리에게 이로움을 준다는 것을 알게 합니다.

"선한 말은 꿀송이 같아서 마음에 달고 뼈에 양약이 되느니라"(잠 16:24).

"온순한 혀는 곧 생명 나무이지만 패역한 혀는 마음을 상하게 하느니라"(잠 15:4).

"입을 지키는 자는 자기의 생명을 보전하나 입술을 크게 벌리는 자에게는 멸망이 오느니라"(잠 13:3).

"네가 말이 조급한 사람을 보느냐 그보다 미련한 자에게 오히려 희망이 있느니라"(잠 29:20).

"칼로 찌름 같이 함부로 말하는 자가 있거니와 지혜로운 자의 혀는 양약과 같으니라"(잠 12:18).

"유순한 대답은 분노를 쉬게 하여도 과격한 말은 노를 격동하느니라"(잠 15:1).

2단계 불친절한 말과 친절한 말에 대하여 들려 줍니다.

아이에게 불친절한 말은 친구를 때리거나 물건을 던지는 것과 같이 나쁜 행동임을 알려 주어야 합니다. 나쁜 말에 나쁜 말로 대응해서는 안 된다는 것도 깨닫게 해야 합니다. 그리고 이렇게 이야기해 줍니다.

"친구가 좋지 않은 말을 할 때 너도 나쁜 말을 사용해서는 안 된단다. '친구야, 나는 착한 아이니까 나쁜 말을 듣지 않을 거야'라고 대답하는 것이 좋겠다"라고 말입니다.

3단계 불친절한 말을 한 것에 대해 하나님께 용서를 비는 기도를 드리게 합니다.

"하나님 아버지, 제가 오늘 나쁜 말을 사용해서 친구와 엄마의 마음을 아프게 했어요. 앞으로는 친절한 말만 쓰도록 하겠습니다. 저의 죄를 용서해 주세요."

4단계 불친절한 말을 한 상대방에게 "미안해"라고 사과하도록 합니다.

"친구야, 내가 조금 전에 나쁜 말을 해서 미안해!", "형, 내가 아까 욕을 해서 마음 아팠지? 앞으로는 좋은 말만 쓸게"라고 말할 수 있도록 가르쳐야 합니다.

자녀들이 불친절한 말을 계속 사용할 때에는 엄한 어조를 사용하여 훈계하는 것은 괜찮지만 아이에게 상처를 주는 위협적인 어휘나 거친 말투는 피해야 합니다.

부모의 말은 자녀의 인격을 살리는 말이어야 합니다.

만약 부모가 감정적으로 격해져 있는 상황이라면 일단 침묵하여 감정을 가라앉힌 후에 이야기하는 것이 좋습니다. 외향적인 성향의 아이들은 상대적으로 상처를 덜 받지만 감수성이 예민한 아이들은 부모의 말에 더 많은 상처를 받습니다. 감수성이 예민한 자녀를 둔 부모들은 말과 행동을 특별히 조심해야 합니다.

몇 년 전 서울에서 수원에 있는 우리 집까지 매주 상담을 받으러 오는 분이 있었습니다. 30대의 가장인 그는 부모의 말로 인해서 상처를 받은 사람이었습니다. 아홉 살 때, 그는 억울하게 물건을 훔친 누명을 썼습니다. 그의 어머니는 "훔쳤니, 안 훔쳤니?"라며 아들을 다그쳤고 그가 안 훔쳤다고 말하자 어머니는 가위를 가지고 와서 자신의 목에 대고는 "도둑질하고 거짓말하는 아들은 키울 수 없어" 하며 어린 자녀를 위협하였습니다.

그 일은 그에게 굉장한 상처가 되었습니다. 그 후 성장하여 옷 장사를 하고 있던 그는 건축설계사 자격증을 가지고 있었는데 자신의 자격증을 어느 설계사 사무실에 빌려 주었다고 합니다. 그런데 자격증을 빌려준 것이 화근이었습니다. 자격증을 빌려 준 건축 회사의 사람이 건축 사고를 저지르고 말았죠. 그는 아무 이유도 모르는 채 경찰서에 끌려갔습니다. 경찰은 그에게 사고에 대한 책임을 다그쳤습니다. 그는 생계 때문에 몇 푼의 돈을 받고 자신의 자격증을 빌려준 것뿐이라고 항변했지만 경찰은 믿어 주지 않았습니다. 그때 그의 머릿속에는 아홉 살 때 자신을 도둑질했냐고 다그치던 어머니의 모습이 떠올랐다고 합니다.

그 후 그는 우울증에 걸려 불우한 나날을 보냈습니다. 우울증 때문에 고생하던 중 하루는 그가 우리 집에 상담을 받으러 왔습니다. 외모도 출중하고 체격도 우람했지만 잘 걷지를 못하더군요. 식사를 대접했는데 숟가락질을 못 할 정도로 폐인이 되어있었습니다. 우울증 환자는 마음이 아픈 사람이라고 생각했는데 마음뿐 아니라 몸도 많이 아픈 상태였습니다. 상담을 해보니 그는 착한 사람이었습니다. 결혼하기 전에는 엄격한 어머니에게 꼼짝을 못 했고, 결혼 후에는 아내에게 큰소리 한 번 못 치고 살았다고 합니다.

하루는 그 부부를 함께 불렀습니다. 집에서 상담과 성경공부를 하게 되었죠. 그의 아내는 남편이 우울증 환자니까 남편만 상담을 받도록 혼자 보내겠다고 했지만 저는 꼭 부부가 함께 오라고 권했습니다. 성경공부를 해나가면서 부인이 그동안 남편에게 했던 잘못을 회개하도록 했습니다. 그리고 남편도 자신이 과거에 상처 받았던 사실을 털어 놓았죠. 매주 성경말씀을 공부함으로 그 남편은 우울증을 서서히 회복하기 시작했습니다.

하루는 그의 아내가 시어머니에게 가서 이렇게 말했다고 합니다.

"어머니 때문이래요. 저 사람이 저렇게 폐인이 된 것은 모두 어머니 때문이래요."

시어머님은 그 소리를 듣는 순간 무릎을 꿇으면서 담담히 말했습니다.

"내가 잘못했다. 다 나 때문이다."

어머니는 아들에게 사과를 했고 그날 밤 세 식구가 하염없이 울었다고 합니다. 그 후로 그의 우울증은 빠르게 회복되기 시작했습니다. 그분들과의 성경공부는 제가 미국을 방문할 일이 생겨 끝이 났습니다. 미국 체류를 마친 다음에 그 사람에 대한 이야기를 들었는데 그의 우울증은 완전히 회복되었고 화실을 차려 평소 그리고 싶어 하던 그림을 마음껏 그리며 행복하게 살고 있다고 했습니다.

위의 사례는 부모가 무심코 한 말들이 자녀에게 평생의 상처를 남긴 경우입니다. 어른들이 어떠한 말을 사용하고 들려주느냐에 따라서 그 아이는 훌륭한 위인이 될 수도 있고 세상의 낙오자로 살아갈 수도 있습니다. 그러므로 부모들은 새로운 것에 도전하거나 착한 일을 했을 때 아낌없이 칭찬의 말을 해주어야 합니다.

"정말 잘했구나", "어제보다 훨씬 나아졌네", "엄마는 네가 자랑스러워" 등 격려의 말을 해주어야 합니다.

자녀에게 들려주면 좋은 말

"참 착하기도 하지!"

부모가 자녀를 믿어 주면 아이는 언제나 그 기대에 부응하게 됩니다.

"네가 도와주었으면 좋겠다. 언제든지 그래 주렴!"

이 말은 아이의 용기를 북돋아 줍니다.

"조용한 목소리로 말할 거지?"

아이가 고쳤으면 하는 점이 있을 때 질문 형식으로 암시해 주는 것도 좋은 방법입니다.

"이렇게 하면 안 돼. 왜냐하면…."

단호하고 일관성 있고 상냥하게 실행해 주십시오. 아이에게 이유를 말하고 나서 필요하다면 벌을 주십시오.

"네가 빨간색을 알게 돼서 기쁘단다. 넌 무척 영리하구나!"

아이에게 적절한 칭찬을 해주면 발전합니다.

"열심히 해봐! 잘할 수 있을 거야!", "그래, 잘할 줄 알았어!"

아이들이 할 수 있다고 생각하면 너무 어렵지 않은 일은 대개 해냅니다.

자녀에게 해서는 안 되는 말

"애들은 몰라도 돼!"

호기심이 왕성한 어린이들의 경우 이것저것 알고 싶은 것도 많고, 물어보고 싶은 것도 많습니다. 그러므로 어른들은 어린이들이 질문했을 때 유아 수준에서 이해할 수 있도록 설명해 주어야 합니다.

"무슨 애가 그렇게 말이 많니?"

하루 종일 엄마 옆에서 조잘조잘 이야기하기를 즐기는 아이가 있습니다. 무슨 일이든지 의사표현하기를 좋아하는 어린이에게 무심코 던진 엄마의 짜증 섞인 말 한 마디는 아이에게 상처가 됩니다. 이럴 경우 엄마에게 말하는 횟수가 점점 줄고 다른 사람에게도 자신의 생각에 대해 얘기하는 것을 어려워하게 됩니다.

"말도 안 되는 소리 하지 마!"

뉴스를 보다가 아버지가 "기름 한 방울 나지 않는 나라에 이렇게 자동차가 많아서야…" 하고 걱정하자, 듣고 있던 아이가 "그럼 물로 가는 자동차를 만들면 되잖아요?"라고 얘기할 수 있습니다. 그때 아버지가 "말도 안 되는 소리 하지 마" 하고 무시해 버린다면 아이는 기가 죽게 되고 다음에는 다른 아이디어가 떠올라도 표현하지 않을 것입니다.

"여자면 여자답게 놀아야지!"

일부 어른들 중에는 "여자면 여자답게 놀아야지!"라고 말하는 경우를 흔히 볼 수 있습니다. 남녀의 능력 차별이 없어지고 오히려 여자의 능력이 더욱 높이 평가 되는 이 시대는 남녀의 구분이 사라지고 있습니다. 이런 말은 지양하고, 다양한 놀이와 경험을 통해 자녀의 창의력을 키워 주는 것이 바람직합니다.

"도대체 뭐가 되려고 그러니?"

창의력이 높은 아이는 엉뚱한 질문을 던지기도 하고 집안의 물건을 분해해 보는 등 엉뚱한 행동을 저지르기도 하는데 이때 "넌 도대체 뭐가 되려고 그러니?" 하고 한숨을 쉬는 부모들이 있습니다. 이런 말은 어린이가 훌륭하고 멋진 사람이 될 수도 있는데 부모가 먼저 포기하고 앞서 방해하는 것입니다

변화하는 아이들
– 좋은나무성품학교 성품 사례

은서가 긍정적인 태도의 선물을 받았습니다. 지난번 할아버지 댁에 갔을 때 할아버지께서 동생 민서의 샌들이 닳았다며 새 샌들을 사주셨는데 은서가 조금 시무룩하기는 했기만 의외로 불평 없이 아무 말

이 없었답니다. 그런데 어제 할아버지 할머니께서 집에 오셨다가 "은서 샌들도 닳았구나!" 하시면서 새 샌들을 사주셨습니다. 은서가 어찌나 좋아하던지. 그런데 은서의 말이 정말 멋집니다. "지난번에 동생 샌들만 새로 사주셨을 때 제가 불평하지 않고 긍정적인 태도를 가졌기 때문에 할아버지께서 저에게도 신발을 사주신 거예요"라고 이야기 하는 것입니다.

은서가 정말 예뻐보였습니다. 긍정적인 태도를 배우기 전에 은서는 샌들이 두 개나 있었고, 동생 민서는 샌들이 없어서 민서 샌들을 사러 갔었습니다. 그런데 은서가 하도 떼를 써서 똑같은 캐릭터 샌들을 사준 적이 있었거든요. 그런데 이번에는 민서만 샌들을 사 주었는데도 은서가 담담하게 반응을 해서 무척 놀랐는데, 긍정적인 태도의 성품교육을 받아서였나 봅니다.

_좋은나무성품학교 S유치원 / ○은서 원아의 어머니

4

거짓말하는 아이,
정직한 아이로 키우는 성품훈계법

"너희 각 사람은 자기 이웃을 속이지 말고 네 하나님을 경외하라 나는 너희의 하나님 여호와이니라"(레 25:17).

거짓말은 왜 할까요?

"선생님, 우리 아이는 있지도 않았던 일을 있었다고 이야기를 지어내는 버릇이 있어요. 어떻게 지도해야 할까요?"

"아이가 몇 살인가요?"

"여섯 살인데요."

한 어머니로부터 상담전화가 왔습니다. 여섯 살인 자녀가 자주 거짓말을 하는데 어떻게 지도해야 할지 도움을 구하는 내용이었습니다.

그 아이는 "선생님, 어제 아빠랑 놀이동산에 놀러갔어요"라고 항상 유치원에서 아버지와 지낸 이야기를 자랑스럽게 말하곤 했습니다. 그러나 어머니와 상담한 결과 아버지는 회사일로 무척 바빠서 아이와 놀이동산에 한 번도 간 적이 없으며 가정에서도 제대로 놀아 주지 못한다고 했습니다.

그렇다면 아이가 왜 그런 소리를 했을까요?

현실 속의 욕구 불만을 상상을 통해 이루고 싶은 마음을 갖고 있기 때문입니다.

그리고 남들에게 자랑하고 싶은 마음 때문에 꾸며서 이야기하게 되는 것입니다. 아버지와 놀이동산에 가고 싶은데 아버지가 회사일로 바빠서 자신과 놀아 주지 못하니까 상상 속에서 꾸며낸 이야기를 하는 것입니다. 자기 집은 가난하지만 부자였으면 좋겠다는 바람이 있는 아이는 친구들에게 "우리 집은 부자야"라고 말한다던가, 공부를 잘 못 하는 아이가 공부를 잘한다고 자랑하는 것도 이런 종류의 거짓말에 해당됩니다.

"거짓말이란 어떤 것을 하고도 하지 않았다고 말하는 것, 하지 않았음에도 불구하고, 했다고 말하는 것, 진실이 아님을 알면서도 진실인 것처럼 말하는 것"을 가리킵니다. 그리고 진실을 말한다는 것은 혹시 상처나 손해를 입을지라도 진실을 말하는 것입니다.

거짓말하는 아이를 보면 위급한 상황을 모면하기 위해, 어른들에게 잘 보이기 위해, 자신의 바람이나 소망을 충족시키기 위해 거짓말을 합니다. 또한 현실과 공상을 구분하지 못해서 이야기를 지어내는 아이와 자신의 열등감을 감추기 위해, 다른 사람에게 상처를 주기 위해 거짓말하는 아이도 있습니다. 이 밖에도 여러 가지 목적의 거짓말이 있습니다.

자녀들이 거짓말할 때 부모들은 어떤 의도에서 하는 거짓말인지 구분할 수 있어야 합니다.

자녀들의 성장기를 살펴보면 유난히 거짓말을 많이 하는 시기가 있는데, 바로 6세 때입니다. 왜냐하면 유아가 상상을 즐기는 때가 6세이기 때문입니다. 그래서 이 시기에는 상상의 내용이 많이 담긴 「백설 공주」, 「인어 공주」와 같은 책을 읽어 주면 상상의 폭이 넓어집니다.

한동안 선풍적인 인기를 끌었던 「해리포터 시리즈」의 작가 조앤. K. 롤링 또한 만 다섯 살 때부터 재미있는 이야기를 지어내어 동생에게 들려주었다고 합니다.

"어떻게 만 5세밖에 안 된 어린아이가 이야기를 지어낼 수 있어!" 라고 생각하시는 분들이 있을지도 모르지만 이 시기의 아이들은 그만큼 상상력이 풍부하며 상상 속의 세계를 즐깁니다. 6세 정도의 또래들이 노는 것을 보면 혼자서 무언가를 중얼거리거나 상상 속의 대상과 이야기하는 경우를 종종 볼 수 있습니다. 이 나이가 되면 아이들은 상상 속에서 거짓말을 하거나 있지도 않았던 일을 꾸며내기도 합니다. 어린아이들은 아직 그들의 실제에 대한 지각을 배우고 있는 과정 중에 있기 때문에 너무 성급하게 아이들이 갖고 있는 혼란을 어른이 생각하는 대로 결론 짓지 마십시오. 아이가 거짓말과 진실 됨을 구별할 수 있도록 도와주는 것이 더 중요합니다. 특히 매일매일 하나님께서 진실에 대해서 무엇이라고 말씀하시는지 말해 주는 것이 좋습니다.

진실에 대한 성경의 가르침

다음은 하나님 아버지께서 말씀하시는 진실 됨의 의미들입니다.

첫째, 하나님 아버지는 거짓말을 하시지 않으십니다. 그분은 언제나 진실만을 말하십니다. 하나님 아버지가 어떤 분이신지, 우리가 하나님의 어떤 모습을 닮아야 할지 알려 주십시오.

"내 입술을 열어 정직을 내리라 내 입은 진리를 말하며 내 입술은 악을 미워하느니라"(잠 8:6-7).

둘째, 하나님 아버지는 우리가 거짓말하는 것을 아십니다.

나의 행동과 나의 생각까지 아시는 하나님 앞에서 어떻게 행동해야 할지 알려 주십시오.

"여호와여 주께서 나를 살펴 보셨으므로 나를 아시나이다 주께서 내가 앉고 일어섬을 아시고 멀리서도 나의 생각을 밝히 아시오며"(시 139:1-2).

셋째, 하나님 아버지는 우리가 항상 진실하기를 원하십니다.

우리를 향하신 하나님의 바람을 아이에게 들려주십시오.

"네 이웃에 대하여 거짓 증거하지 말라"(출 20:16).

"그런즉 거짓을 버리고 각각 그 이웃과 더불어 참된 것을 말하라…"(엡 4:25).

"구부러진 말을 네 입에서 버리며 비뚤어진 말을 네 입술에서 멀리하라"(잠 4:24).

"사람은 입의 열매로 말미암아 복록에 족하며…"(잠 12:14).

넷째, 거짓말하는 것은 다른 사람에게 아픔을 주는 것입니다.

거짓말은 다른 사람에게 해를 주는 것임을 알려 주십시오.

"자기의 이웃을 쳐서 거짓 증거하는 사람은 방망이요 칼이요 뾰족한 화살이니라"(잠 25:18).

다섯째, 우리는 사람이기 때문에 거짓말할 수 있고, 하나님께 용서받을 수도 있습니다.

그러나 자신의 입으로 잘못을 시인하고 용서를 구하고 용서 받는 기쁨을 알게 하십시오.

정직의 성품을 키우는 성품훈계

자녀들이 과장된 말이나 사실에 근거하지 않은 말을 했을 때는 다음과 같은 성품훈계의 단계를 밟아야 합니다.

1단계 자녀들에게 진실 됨에 관한 성경 말씀을 들려줍니다.

그런 다음에 "하나님 아버지는 거짓말을 하지 않으셔. 그분은 우리가 항상 진실 되기를 원하신단다. 엄마는 항상 네 곁에 없지만, 하나님 아버지는 우리가 거짓말하는 것을 아신단다"라고 가르쳐 줍니다.

2단계 거짓과 진실이 무엇인지를 알려 줍니다.

자녀들이 거짓말할 때 부모들은 무조건 꾸중하기보다는 거짓과 진실을 구별할 수 있도록 도와주어야 합니다. 또한 거짓말을 하거나 숨기는 것보다 솔직하게 말하는 것이 훨씬 지혜로운 일이라는 것을 말해 주어야 합니다.

3단계 거짓말한 것에 대하여 하나님께 용서를 구하는 기도를 하게 합니다.

우리는 거짓말한 것에 대해서 하나님께 용서받을 수 있습니다.

4단계 자녀가 거짓말을 한 상대방에게 사과하며 용서를 구하게 합니다. 자녀에게 진실을 가르쳐 주기 위해서는 아이의 양심을 발달시키는 것이 중요합니다.

'양심이란 마음에 새겨진 옳고 그름에 대한 표준'입니다. 양심이 있으면 잘못된 행동을 할 때 죄책감이 들게 됩니다. 그러나 반면에 올바른 행동을 할 때에는 양심이 자신감을 갖도록 격려해 줍니다. 또한 자녀의 거짓말을 예방하기 위해서 자녀가 솔직하게 잘못을 말했을 때 칭찬을 해주는 것도 좋은 방법입니다. 부모 스스로 자신이 느끼는 감정이나 생각을 자녀에게 솔직하게 말한다면 진실한 아이로 키울 수 있습니다.

부모들은 거짓말을 하는 아이의 행동과 거짓말한 아이의 인격을 동일하게 여겨선 안 됩니다.

인격과 행동을 분리시켜서 말하는 것이 중요합니다. 혹 부모가 "너는 큰일이야, 벌써부터 조그마한 녀석이 거짓말이나 하고 다니니 말이야. 넌 정말 나쁜 아이야"라고 말한다면 그 아이는 정말 거짓말하는 나쁜 아이가 됩니다. 이런 말은 그 아이의 인격을 부정하는 말입니다. 대신 이렇게 말하는 것이 중요합니다. "거짓말하는 것은 나쁜 것이야. 거짓말을 하면 하나님이 싫어하셔. 거짓말을 해서는 안 된단다", "한 번 거짓말을 하면 자꾸 더 큰 거짓말을 하게 된단다. 그러니까 곤란한 상황이 와도 엄마 아빠한테 솔직하게 말해 줄래?"라고 조용히 타일러야 합니다.

변화하는 아이들
– 좋은나무성품학교 사례

정직이란 "어떠한 상황에서도 생각, 말, 행동을 거짓 없이 바르게 표현하여 신뢰를 얻는 것(좋은나무성품학교 정의)"이라고 좋은나무성품학교에서는 정의하고 가르칩니다.

어느 날, 좋은나무성품학교 초등 교실을 다니는 아이들에게 "커닝하면 어떤 일이 벌어질까?, 다른 사람들이 다 커닝할 때 나만 커닝하지 않는다면 어떤 일이 일어날까?"에 대해 토론하게 했습니다. 처음에는 할 수 있으면 해야지 왜 안 하냐고 주장하는 아이, 다른 아이들 다하는데 안 하면 나만 손해 본다는 아이, 어떤 방법을 써서라도 백점 맞으면 좋다는 아이 등 각양각색의 논리를 펴며 토론을 하였습니다. 이런 아이들에게 정직의 정의를 가르치고 정직의 성품 위인들의 영상을 보면서 토론을 계속해 나갔습니다. 현재 그 상황에서는 약간의 손해를 보는 것 같지만 미래에 다른 사람들의 '신뢰'를 보상으로 받게 되어 성공하게 되는 성품 위인들의 이야기를 듣고 아이들은 고개를 끄덕였습니다.

정직의 성품이 사라져 가는 현시대에서 무조건 큰 성취가 마지막 성공이라는 개념으로 시작해서 끝마치는 현실 속 교육의 맹점을 깨고 정직을 가르친다는 것은 참으로 어려운 일인 것 같습니다. 학교 앞 문방구에서 전문적인 커닝 펜을 아이들에게 판매하는 어른들이 난무하는 이 시대에 어른들부터 정직의 성품을 자신의 가슴 속 깊이 새겨야 할 것 같습니다.

_좋은나무성품학교 초등성품교실 교사

5
이기적인 아이,
배려하는 아이로 키우는 성품훈계법

배려란?

배려란 '나와 다른 사람 그리고 환경에 대하여 사랑과 관심을 갖고 잘 관찰하여 보살펴 주는 것'(좋은나무성품학교 정의)입니다. 그러면 이와 반대로 '이기적'이란 무엇일까요? 바로 '나 먼저'의 태도입니다. 다른 사람이 먼저임에도 불구하고 내가 먼저 되려고 애쓰는 것을 말합니다. 그렇다면 '너 먼저'의 태도는 어떠한 것일까요? 어떤 때는 다른 사람이 먼저일 수 있도록 하는 것입니다. 즉 친구나 가족의 유익을 위해 내가 양보하는 태도를 갖는 것을 말합니다.

부모님들 중에는 마음이 성숙한 사람보다는 똑똑하고 지식이 뛰어난 아이를 더 원하는 분들이 있습니다. 그들은 자신의 자녀가 남보다 더 뛰어나고 앞서기를 바랍니다. 그렇기 때문에 '너 먼저'라는 개념을 이해하지 못하는 경우가 종종 있습니다.

오래 전에 있었던 일입니다. 좋은나무성품학교 밀알유치원에서 여름방학을 맞이하여 동네 아이들을 초청하여 여름성경학교를 개최했었습니다. 식사를 할 때 밀알유치원 아이들이 다른 유치원에 다니는 동네 아이들에게 순서를 양보했습니다. 그런데 이 모습을 본 밀알유치원의 한 어머니가 원장실로 찾아와서 "이 유치원의 교육이 잘못되었어요. 저렇게 다른 아이들에게 양보만 해서는 힘든 사회에 나가서 자기 밥그릇도 못 찾아 먹을 텐데 어떡하면 좋아요'라고 하더군요. 그 어머니는 아이들이 양보한 것에 대해 무척 마음이 상해 있었습니다. 어머니의 생각으로는 다른 사람을 배려하고 양보하면 요즘 같은 세상에 왠지 손해 보는 것 같고, 자기 것도 못 챙기는 아이로 자랄 것 같은 생각이 들었던 것 같습니다.

현대 교육의 모순은 지식교육에 너무 치중되었다는 것입니다. 부모는 자녀의 IQ가 몇 인지, 수학 점수가 몇 인지에 너무 민감하게 반응합니다. 그러나 지금은 IQ(지능 지수)보다 EQ(감성 지수)가 더 강조되는 시대입니다. 감성 능력은 자신과 다른 사람의 감정에 대해 얼마나 이해하는지 그리고 감정을 어떻게 조절하는지에 대한 것을 말합니다. 즉 EQ는 다른 사람의 감정을 헤아려 배려할 줄 알고, 참을성을 갖게 하는 것으로 이는 인생의 성공에 중요한 영향을 미칩니다.

미국의 '다니엘 골먼'이라는 사람은 어떤 사람이 사회에서 성공하는지를 연구하다가 놀라운 사실 하나를 발견했습니다. 학교에서 공부 잘하고 똑똑한 사람이 사회에서 성공하는 비율이 더 낮다는 것입니다. 오히려 지능지수(IQ)보다 감성지수(EQ)가 높은 사람이 더 성공한다는 것을 알게 되었습니다. 이것이 발표되면서 많은 부모들이 자녀들의 감성지수(EQ)에 관심을 갖게 되었습니다. 그러나 EQ을 중시하는 교육을 실천하고 있는 부모는 그다지 많지 않습니다. 우리 부모가 가지고 있는 의식의 틀이 넓어져야 합니다. '나 먼저'가 아니라 '너 먼저'의 태도를 지닌 사람이 성공합니다.

사회에 나가면 '나 먼저'의 태도를 보이는 사람이 승승장구하는 것 같지만 나중에는 사람들로부터 따돌림을 받습니다. 오히려 자기중심적인 사람이 자기 밥그릇을 빼앗기는 셈이죠. 그래서 아이들의 성공을 위해서는 '너 먼저'의 개념을 가르쳐 주어야 합니다.

지도자는 다른 사람을 섬길 때 높아지는 사람이라는 것을 기억하십시오. 그리고 "너희 중에 큰 자는 너희를 섬기는 자가 되어야 하리라 누구든지 자기를 높이는 자는 낮아지고 누구든지 자기를 낮추는 자는 높아지리라"(마 23:11-12)는 말씀을 명심하십시오.

양보하고 배려하는 사람이 지도자가 됩니다. 자기 밥그릇뿐만 아니라 다른 수많은 사람들의 밥그릇도 챙겨 주는 참된 지도자가 될 것입니다.

그래서 제가 설립한 '좋은나무성품학교'에서는 "성품 좋은 지도자가 세상을 바꿉니다"라고 큰소리로 말하고 있습니다.

배려에 대한 성경의 가르침

첫째, 하나님 아버지는 '나 먼저'의 태도에 대해서 다음과 같이 말씀하십니다.

"각각 자기 일을 돌볼뿐더러 또한 각각 다른 사람들의 일을 돌보아 나의 기쁨을 충만하게 하라"(빌 2:4).

"누구든지 자기의 유익을 구하지 말고 남의 유익을 구하라"(고전 10:24).

둘째, 하나님 아버지는 우리가 질서 있게 움직이기를 원하십니다.

"모든 것을 품위 있게 하고 질서 있게 하라"(고전 14:40).

셋째, 하나님 아버지는 우리가 자기만의 유익을 구하기를 원치 않으십니다. 오히려 서로 사랑하고 남을 섬기기를 원하십니다.

"형제를 사랑하여 서로 우애하고 존경하기를 서로 먼저 하며"(롬 12:10).

"자녀들아 우리가 말과 혀로만 사랑하지 말고 행함과 진실함으로 하자"(요일 3:18).

넷째, 하나님 아버지는 '너 먼저'의 태도를 가진 때를 아십니다.

"여호와께서 온전한 자의 날을 아시나니 그들의 기업은 영원하리로다"(시 37:18).

배려의 성품을 키우는 성품훈계

유아기의 아이들은 자기중심적이기 때문에 남을 배려하지 않고 행동하는 경우가 많습니다. 그렇기 때문에 부모들은 아이들에게 어떤 말과 행동이 남을 배려하지 않고 자기만 생각하는 것인지 알려 주어야 합니다. 또한 다른 사람들과 조화롭게 살아가야 한다는 사실도 알려 주어야 합니다.

1단계 '너 먼저'의 태도에 관한 성경 말씀을 들려 줍니다.

'나부터', '내가 더 많이'라고 주장하는 아이들에게는 "무릇 섬기는 자가 되어야 큰 자가 된다" 등의 성경 말씀을 자주 들려주는 것이 좋습니다.

2단계 '나 먼저', '너 먼저'의 태도가 무엇인지 그 차이점에 대해 알려 줍니다.

그런 다음에 자녀의 행동에서 무엇이 잘못되었는지 구체적으로 이해시켜 줍니다. 왜 잘못되었는지에 대한 이해가 없으면 아이는 부모의 꾸중과 책망이 두려워 소극적으로 행동하게 됩니다. "왜 너는 그 모양이니?", "왜 너는 항상 너만 아니!"라고 말하는 것보다는 "다른 친구와 물건을 함께 쓰는 모습을 하나님이 보신다면 기뻐하실 거야", "네가 원하는 것이 무엇이니? 네가 오빠에게 주기 싫은 장난감 세 가지만 말해 볼래?"라고 말하는 것이 바람직합니다.

3단계 만약 자녀들이 '나 먼저'의 태도를 고집한다면 '나 먼저' 태도에 대해 하나님께 용서를 구해야 합니다.

"하나님, 제가 무조건 물건을 빼앗은 것은 잘못한 일입니다. 용서해주세요", "하나님, 제가 오늘 장난감을 가지고 혼자서 놀았어요. 앞으로는 친구들과 사이좋게 놀겠습니다. 용서해 주세요" 우리는 '나 먼저' 태도에 대해서 하나님께 용서 받을 수 있습니다.

4단계 갈등을 일으킨 친구나 형제에게 가서 사과하고 용서를 구하도록 도와주십시오.

무엇이든지 자기가 먼저 한다거나 자기 마음대로 하겠다는 것이 유아기의 특징입니다. 유아기의 아이들은 자기중심적입니다. 배가 고프면 엄마가 아프거나 혹은 바쁜지 사정을 고려하지 않고 무조건 밥을 달라고 떼를 씁니다. 그리고 자신의 것을 친구나 형제에게 양보하려고 하지 않습니다. 자녀가 '나 먼저'의 태도를 보일 경우에는 시간을 정해 놓고 "지금부터 30분만 가지고 놀아라. 그 후에는 형이 놀게 해야 돼", "가위, 바위, 보 놀이를 통해서 순서를 정해보는 것이 어떨까?"라고 제안하는 것이 좋습니다.

다른 사람에게 양보하는 마음이 없는 아이들은 평소 부모님이 아이의 물건을 쓸 때 "엄마가 이것 잠깐 써도 될까?", "이 물건은 네 물건이야. 잠깐 동생에게 빌려 주렴"이라고 소유 개념을 인정해 준 다음에 아이의 허락을 받는 과정이 필요합니다.

유아기의 심리상태에서 발전하여 아동기의 정신 수준으로 더 나아가 성인의 수준으로 이끌어내는 것이 유아 교육의 목표입니다. 성인이 된다는 것은 성숙한 사람이 되어간다는 것을 말합니다.

변화하는 아이들
- 좋은나무성품학교 사례

어느 날 아이들이 서로 긴 연필을 갖겠다고 싸우다가 제게 꾸중을 듣게 되었습니다.

큰아이 준서는 동생이 가지고 있는 것을 무조건 뺏으려는 습성이 있습니다. 말로 양해를 구하는 것이 아니라 언제나 힘으로 뺏기 때문에 동생이 울곤 했습니다.

저는 "방으로 들어와!" 하고 말했습니다. 그리고는 준서에게 "생각 없이 행동하고 큰 소리로 반항하는 것은 엄마와 동생의 마음을 속상하게 하는 거야. 그것은 너만 생각하는 행동이야. 만약에 엄마가 너한테 그렇게 행동하면 네 마음은 어떻겠니?"라고 말했습니다.

준서는 알아들었는지 조용히 "내 마음이 안 좋은 거예요"라고 대답했습니다. 저는 준서에게 이렇게 말했지요. "나부터 할 거야, 내가 더 많이 가질 거야" 하는 것이 아니라 남을 배려할 줄 알아야 돼. 그럼 하나님께 기도하자"

준서는 자기 입으로 "하나님, 제가 무조건 물건을 뺏은 것은 잘못한 일입니다. 용서해 주세요" 하고 기도했습니다. 그리고 기쁜 마음으로 나가서 동생과 사이좋게 놀았습니다.

_좋은나무성품학교 지동밀알유치원 / ○준서 원아의 어머니

변화하는 아이들
– 좋은나무성품학교 사례

안녕하세요? 저는 나곡초등학교 1학년 편도빈입니다. 작년에는 밀알유치원 토마토 반이었습니다. 좋은나무성품학교 밀알유치원에서 배

운 성품이 학교생활에 여러 가지로 도움이 되었던 것을 이야기하려 합니다.

1학년이 되어서 처음에는 기뻤는데 우리 반 아이들은 좋은나무성품학교 밀알유치원 친구들과 많이 달랐습니다. 쉬는 시간에 먼저 다가와 놀아주는 친구가 별로 없어서 참 이상하다고 생각했습니다. 밀알 친구들은 30명 모두 즐겁게 지냈는데 반 친구들은 먼저 다가가도 친절하지 않았습니다.

어느 날 학교 갔다 와서 엄마에게 고민을 이야기했는데, 엄마는 "대접 받고자 하는 대로 대접해 주라"고 하신 예수님의 말씀을 이야기해 주셨습니다. 그리고 밀알유치원에서 배운 배려를 내가 먼저 실천해 봐야겠다고 생각했습니다. 그래서 저는 학교 준비물을 여러 개 챙겼습니다. 플라스틱 컵을 두 개 가져오라고 하시면 10개 가져가서 안 가져 온 친구에게 나눠 주었습니다. 그리고 심하게 나쁜 말로 놀리는 친구가 있으면 그만하라며 놀림 받는 친구를 보호해 주었습니다. 배려를 실천하는 제가 자랑스러웠습니다. 지금은 우리 반 친구들과 모두 사이좋게 지냅니다. 앞으로도 밀알유치원에서 배운 성품들이 많이 생각나면 좋겠습니다. 배려할 줄 아는 지혜로운 사람이 되고 싶습니다.

_좋은나무성품학교 밀알유치원 졸업생 / 편도빈 어린이

6

폭발하는 아이, 절제하는 아이로 키우는 성품훈계법

절제란?

절제란 '내가 하고 싶은 대로 하지 않고 꼭 해야 할 일을 하는 것'(좋은나무성품학교 정의)입니다. 절제력이란 어린이들이 좀 더 안전하고 현명한 선택을 할 수 있도록 생각과 행동을 조절하게 해 주는 강력한 덕목이며, 파괴적인 충동을 억제하는 힘을 말합니다.

자기 절제는 내가 옳다고 생각한 것을 하는 것이며, 별로 하고 싶지 않은 때에도 하는 것을 말합니다.

그러나 "내 맘이에요", "내가 하고 싶었어요", "나는 그것을 하고 싶지 않았어요"라고 말하는 것은 자기 절제가 없는 경우입니다.

그렇다면 때리는 것은 무엇일까요? 때리는 것은 다른 사람을 쳐서 상하게 하는 것입니다. 유아들이 다른 사람을 때리는 이유는 무엇일까요? 유아들이 친구나 형제를 때리는 것은 화를 표현하는 방법일 수도 있고, 다른 사람에게 맞는 것이 얼마나 아픈지 모르기 때문에 때릴 수도 있습니다.

일부 부모들은 다른 사람과의 관계에서 내가 하고 싶지 않은 것도 해야 하는 경우가 있다는 것을 가르치지 않습니다. 이렇게 될 경우 자녀는 모든 것에 있어서 자기가 기준이 되고 작은 일에도 참을성을 잃게 됩니다. 그래서 조그만 일에도 형제간에 싸우거나 또래를 쉽게 때립니다.

그렇다면 자기 절제를 모르는 아이들을 어떻게 교육해야 할까요?

자기 절제에 대한 성경의 가르침

첫째, 하나님 아버지는 때리는 것과 싸우는 것에 대하여 다음과 같이 말씀하십니다.

"그는 다투지도 아니하며 들레지도 아니하리니 아무도 길에서 그

소리를 듣지 못하리라"(마 12:19).

"노하는 자는 다툼을 일으키고 성내는 자는 범죄함이 많으니라"(잠 29:22).

"사람이 네게 악을 행하지 아니하였거든 까닭 없이 더불어 다투지 말며 포학한 자를 부러워하지 말며 그의 어떤 행위도 따르지 말라"(잠 3:30-31).

둘째, 하나님 아버지는 어떤 분이실까요?

"여호와는 긍휼이 많으시고 은혜로우시며 노하기를 더디 하시고 인자하심이 풍부하시도다"(시 103:8).

"…주께서는 용서하시는 하나님이시라 은혜로우시며 긍휼히 여기시며 더디 노하시며 인자가 풍부하시므로 그들을 버리지 아니하셨나이다"(느 9:17).

셋째, 하나님 아버지는 자기 절제에 대해 다음과 같이 말씀하셨습니다.

"노하기를 더디하는 자는 용사보다 낫고 자기의 마음을 다스리는 자는 성을 빼앗는 자보다 나으니라"(잠 16:32).

"분을 쉽게 내는 자는 다툼을 일으켜도 노하기를 더디 하는 자는 시비를 그치게 하느니라"(잠 15:18).

넷째, 하나님 아버지는 우리가 스스로 절제 할 수 있도록 도와주십니다.

"그가 시험을 받아 고난을 당하셨은즉 시험 받는 자들을 능히 도우실 수 있느니라"(히 2:18).

"두려워하지 말라 내가 너와 함께 함이라 놀라지 말라 나는 네 하나님이 됨이라 내가 너를 굳세게 하리라 참으로 너를 도와 주리라 참으로 나의 의로운 오른손으로 너를 붙들리라"(사 41:10).

다섯째, 만약 자녀가 다른 친구를 때리거나 상하게 했다면 하나님께 용서를 구하도록 합니다.

여섯째, 모든 행위 때마다 마지막은 상대방에게 용서를 구하도록 합니다.

상대방과 하나님 아버지께 용서를 구하도록 가르치는 것이 필요합니다.

절제의 성품을 키우는 성품훈계

형이 동생을 때리고 동생이 홧김에 형에게 물건을 던졌을 경우에 부모는 어떻게 훈계해야 할까요?

1단계 가장 좋은 방법은 이러한 사태가 일어나기 전에 미리 부모가 자녀들에게 남을 때리는 것이 왜 나쁜 행동인지, 자기 절제가 무엇인지를 알려 주는 것입니다.

"화가 나고 속상한 것은 사람이 가진 감정이지만 속상하다고 동생을 때리는 것은 잘못이란다", "화가 난다고 해서 마음을 절제하지 않고 남을 때리는 것은 미운 행동이야", "친구한테 맞은 네 기분이 어떤 줄 알아. 하지만 그렇다고 똑같이 친구를 때리는 건 안 돼. 참아보려고 노력해 볼래?"라고 얘기해 줍니다.

2단계 자기절제에 해당되는 성경 구절들을 들려줍니다.

하나님의 말씀을 엄마, 아빠랑 같이 공부해 보자꾸나. 하나님은 "노하는 자는 다툼을 일으키고 분하여 하는 자는 범죄함이 많으니라", "사람이 네게 악을 행하지 아니하였거든 까닭 없이 더불어 다투지 말며 포학한 자를 부러워하지 말며 그 아무 행위든지 좇지 말라"라고 말씀하셨단다. 이 말씀은 "내 기분이니까요", "내가 하고 싶었어요", "나는 그것을 하고 싶지 않았어요"라고 말하는 것이 아니라 '내가 화가 나도 참는 것, 순서를 기다릴 줄 아는 마음'이라고 말해 줍니다.

3단계 하나님께 기도를 드리게 합니다.

"하나님, 제가 화가 나서 오늘 친구를 때렸어요. 다시는 그러지 않겠습니다. 용서해 주세요", "하나님, 제가 물건을 던졌어요. 저의 잘못을 용서해 주세요. 앞으로는 착한 어린이가 되겠습니다" 우리는 절제

할 줄 모르는 것에 대해서 하나님께 용서 받을 수 있습니다.

4단계 자녀가 누군가를 때렸다면 다치게 한 상대방에게 사과할 수 있도록 가르쳐야 합니다.

만약 자녀가 누군가를 때리거나 할퀴는 경우에는 그냥 내버려두지 말고 때리는 행위를 중단시켜야 합니다. 그리고 다치게 한 상대방에게 가서 "언니 미안해, 내가 잘못했어. 우리 사이좋게 지내자"라고 말할 수 있도록 격려해 주어야 합니다.

친구들이나 동생을 때리는 아이들의 경우에는 부모님이 자녀에게 지나치게 관대했거나 아이 앞에서 폭력적인 모습을 자주 보인 것이 그 원인으로 작용할 때가 있습니다. 또한 부모와 함께 지내는 시간이 없거나 무언가 불만이 쌓였을 때도 이런 행동을 보입니다. 어른들에게 공격적인 행동을 하는 아이는 어른들의 관심을 끌기 위한 것일 수도 있기 때문에 이럴 경우에는 아이들에게 해야 하는 것과 하지 말아야 할 것을 분명히 가르쳐야 합니다. 친구들을 때리는 경우 처음에는 말로 설명해 줍니다. 그리고 자신도 다른 사람에게 맞거나 괴롭힘을 당하게 되면 어떤 기분이 들지 생각해 보도록 유도합니다.

그래도 계속해서 다른 사람을 괴롭히거나 사납게 행동한다면 부부가 합의하여 교정 방법을 정하고 이를 실천하는 것도 효과를 거둘 수 있는 좋은 방법입니다. 단, 이때 감정이 개입되어서는 안 됩니다.

이때 부부가 일관되게 아이에게 교정을 적용하는 것이 중요합니다. 엄마는 엄하게 대하고 아빠는 관대하게 대한다면 아이에게 혼란을 초래하여 더 나쁜 버릇을 키우게 됩니다. 또한 말로 자신의 의사를 표현한다는 등의 바람직한 행동을 했을 때는 칭찬하는 것을 잊지 말아야 합니다.

절제하는 아이를 위한 지침서

다음은 좋은나무성품학교에서 만든 영유아를 위한 '절제의 성품' 워크북에 나와 있는 절제하는 아이로 키우기 위한 부모를 위한 지침서입니다.

첫째, 자녀가 화를 내거나 분노하거나 흥분할 때는 즉각적으로 자녀를 그 상황에서 데리고 나와야 합니다.

둘째, 자녀가 절제를 보이지 않으면 어떤 상황에 참여하도록 허용하지 마세요.

셋째, 자녀를 항상 잘 관찰하기 위해 가까운 곳에서 지켜보세요.

넷째, 다른 사람과 지내는 데 어려움을 불러일으키는 자녀의 행동에 대해 주치의나 교사, 상담가 등과 자주 상의하세요.

다섯째, 자녀가 화를 내거나 분노하거나 흥분되었을 때 아이를 안전한 장소에 데리고 가세요. 보통은 타임아웃을 할 수 있는 장소를 제안합니다.

여섯째, 자녀가 화를 내거나 분노하거나 흥분했을 때는 부모에게 자신의 감정을 이야기하도록 지도하십시오.

일곱째, 자녀가 화를 내고 분노하거나 흥분되었을 때는 스스로 인식해서 부정적 감정을 잘 다루는 방법을 자녀에게 가르쳐 주십시오.

여덟째, 자신의 행동을 잘 조절하면 상을 주십시오.
칭찬은 더 좋은 행동을 자라나게 합니다.

아홉째, 부모가 먼저 자녀를 존중하는 태도로 대해 주십시오. 자녀에게 위협적이지 않은 태도로 이야기하십시오.

열째, 자녀가 쉽게 화내고 분노하거나 흥분하도록 만드는 일을 될 수 있는 대로 줄이고 막아주도록 노력하십시오. 화내는 것이 습관이 되지 않도록 예방하는 교육이 중요합니다.

변화하는 아이들
– 좋은나무성품학교 사례

어느 날 저녁을 먹고 절제에 대해 얘기하고 있었습니다.

"윤지야, 우리 식구가 절제해야 할 것은 무엇일까?"라고 제가 물었습니다. 윤지가 대답합니다.

"먼저 아빠, 아빠는 아이스크림을 절제해야 해요."

"그럼 엄마는?"

"엄마는 컴퓨터 하는 것이요."

"그리고 윤지 너는?"

"음~ 저는요, 문구점 가는 것이요."

윤지는 좋은나무성품학교에서 절제를 배운 후로는 자기가 하고 싶은 일보다 꼭 해야 하는 일을 먼저 하는 절제의 성품 공주가 되어가고 있습니다.

지금은 늘 다녔던 집 앞 문구점 출입을 자제하고 불량 장난감을 사고 싶은 충동을 절제하고 있습니다. 게다가 유치원에서 배운 성품을 온 가족에게 가르쳐 주는 윤지가 대견스럽습니다.

_좋은나무성품학교 영통밀알유치원 / ○윤지 원아의 어머니

변화하는 아이들
– 좋은나무성품학교 사례

더운 여름날 저희 부부는 선풍기로는 도저히 더위를 견딜 수 없어 에어컨을 켰답니다. 그런데 갑자기 원혁이가 리모콘을 집어 들더니 전원을 누르며 에어컨을 꺼버렸습니다. 그러면서 하는 말 "엄마, 아빠 아껴 써야 해요. 이게 바로 절제란 말이에요"라고 말했습니다.

우리 원혁이가 성품을 배운 후로는 부모인 우리를 부끄럽게 할 때가 많답니다.

_좋은나무성품학교 영통밀알유치원 / ○원혁 원아의 어머니

7

집중하지 않는 아이, 경청하는 아이로 키우는 성품훈계법

경청이란?

경청이란 '상대방의 말과 행동을 잘 집중하여 들어 상대방이 얼마나 소중한지 인정해 주는 것'(좋은나무성품학교 정의)입니다. 경청한다는 것은 바로 다른 사람이나 사물에 집중할 수 있는 능력이 됩니다. '좋은나무성품학교'에서는 어려서부터 경청하는 성품을 가르칩니다.

'경청'은 모든 좋은 성품의 기초가 되기 때문에 가장 먼저 가르칩니다.

산만하다는 것은 곧 집중하지 않는다는 것을 말합니다. 다른 사람이 말할 때 잘 듣지 못하고 주의력 없이 부산하게 움직이기 때문에 말하는 사람을 존중하지 않는 것처럼 보이지요.

그렇다면 집중한다는 것은 무슨 뜻일까요? 집중한다는 것은 다른 사람이 이야기할 때 그 사람을 바라보며 열심히 듣고, 그 사람이 말하는 것이 무엇인가 이해하도록 노력하며, 그 일이 가치 있는 일임을 반응해 주는 것을 말합니다. 한 마디로 집중한다는 것은 다른 사람이 이야기할 때 방해하지 않고 열심히 듣고 자기 때를 잘 기다린다는 것을 의미합니다.

그런데 유아기의 아이들은 매우 산만한 것이 특징인데 이것은 자연스러운 것입니다. 어머니들은 자녀들의 이런 행동을 보고 속상해서 "왜 이렇게 산만하니? 왜 집중하지 못해!"라고 소리칩니다. 이럴 때 아이가 집중하지 않는다고 해서 너무 꾸중하지 마십시오. 호기심이 많고 산만한 것은 유아기의 특징이기 때문입니다. 그러나 이 시기에도 훈련과 가르침으로 집중력을 키워 나갈 수 있습니다.

경청에 대한 성경의 가르침

첫째, 예수님은 어린 소년이었을 때에 열심히 들으셨습니다.

"사흘 후에 성전에서 만난즉 그가 선생들 중에 앉으사 그들에게 듣기도 하시며 묻기도 하시니"(눅 2: 46).

둘째, 하나님 아버지는 우리에게 집중하십니다.

"그러나 하나님이 실로 들으셨음이여 내 기도 소리에 귀를 기울이셨도다 하나님을 찬송하리로다 그가 내 기도를 물리치지 아니하시고 그의 인자하심을 내게서 거두지도 아니하셨도다"(시 66:19-20).

셋째, 하나님 아버지는 우리가 어떤 것에 집중해야 할지 가르쳐 주십니다.

먼저, 훈계에 집중해야 합니다.

"훈계를 들어서 지혜를 얻으라 그것을 버리지 말라"(잠 8: 33).

그 다음에는, 지혜에 집중해야 합니다.

"네 귀를 지혜에 기울이며 네 마음을 명철에 두며(잠 2:2).

마지막으로, 명철을 얻기에 집중해야 합니다.

"…명철을 얻기에 주의하라"(잠 4:1).

훈계와 지혜와 명철은 바로 하나님의 말씀입니다. 우리가 하나님의 말씀에 집중할 때 우리가 살아야 하는 삶의 훈계를 얻을 수 있고, 지혜와 명철을 얻을 수 있는 것입니다.

넷째, 집중한다는 것은 자기 때를 기다린다는 것입니다.

"범사에 기한이 있고 천하 만사가 다 때가 있나니…찢을 때가 있고 꿰맬 때가 있으며 잠잠할 때가 있고 말할 때가 있으며"(전 3:1,7).

"사연을 듣기 전에 대답하는 자는 미련하여 욕을 당하느니라"(잠

18:13).

"내 사랑하는 형제들아 너희가 알지니 사람마다 듣기는 속히 하고 말하기는 더디 하며 성내기도 더디 하라"(약 1:19).

다섯째, 집중한다는 것은 다른 사람이 이야기할 때 방해하지 않고 열심히 듣는 것입니다.

"무례히 행하지 아니하며 자기의 유익을 구하지 아니하며 성내지 아니하며 악한 것을 생각하지 아니하며"(고전 13:5).

"…존경하기를 서로 먼저 하며"(롬 12:10).

"남에게 대접을 받고자 하는 대로 너희도 남을 대접하라"(눅 6:31).

여섯째, 집중하지 않은 것에 대해서 하나님께 용서를 구하고 집중할 수 있도록 도움을 청하는 기도를 드립니다.

"그러나 더욱 큰 은혜를 주시나니 그러므로 일렀으되 하나님이 교만한 자를 물리치시고 겸손한 자에게 은혜를 주신다 하였느니라"(약 4:6).

일곱째, 만약 다른 사람의 이야기를 방해했다면 미안하다는 말을 하고 용서를 구합니다.

경청의 성품을 키우는 성품훈계

만약 아이들이 집중하지 않았을 때는 어떻게 해야 할까요?

1단계 집중력에 대한 성경 말씀을 들려줍니다.

하나님께서 "네 귀를 지혜에 기울이며 네 마음을 명철에 두며"(잠 2:2)라고 말씀하신 것처럼 "하나님은 우리에게 집중하신단다"라고 말해 줍니다.

2단계 집중력과 산만함에 대하여 알려 줍니다.

"집중한다는 것은 다른 사람이 이야기할 때 그 사람을 바라보며 열심히 듣고 그 사람이 말하는 것이 무엇인가 이해하도록 노력하는 것이란다"라고 들려줍니다. 그러고 나서 "네가 어떤 잘못을 했는지 알겠니?"라고 묻고 자녀 스스로 무엇을 잘못했는지 확인하는 과정이 필요합니다.

3단계 자녀가 집중하지 않은 것에 대해서 하나님 아버지께 용서를 구하고 도움을 청해야 합니다.

자녀의 기도가 끝나면 부모는 자녀를 위해 기도해 주어야 합니다.

"하나님, 우리 ○○이가 앞으로는 엄마, 아빠 말씀에 귀 기울이는 착한 어린이가 되겠다고 약속했습니다. ○○이를 용서해 주세요. 그리고 ○○이가 무슨 일에나 집중을 잘하는 아이가 되게 도와주세요. 예수님 이름으로 기도했습니다. 아멘"

우리는 경청하지 못한 것에 대해서 하나님께 용서 받을 수 있습니다.

4단계 자녀가 다른 사람의 이야기를 방해하였다면 미안하다는 말을 하고 용서를 구하도록 합니다.

아이의 집중력을 키우기 위해서는 부모부터 일관되고 안정된 양육 태도를 가지는 것이 필요합니다. 또한 자녀가 호기심을 키울 수 있도록 여러 가지 자극을 주어야 합니다. 글자나 그림 카드를 가지고 부모와 함께 재미있는 카드놀이를 해 보는 등 일상생활과 놀이를 통해 학습에 접근할 수 있도록 도와주어야 합니다.

자녀가 좋아하는 것에 몰두하게 하면 집중력은 자연스럽게 키워집니다. 잘 못하거나 집중하지 않는다고 해서 야단을 치면 오히려 역효과가 나타날 수 있기 때문에 자연스럽고 재미있는 분위기를 조성하는 것이 바람직합니다.

또한 부모가 지시한 일을 제대로 수행했거나 블록 놀이나 미로 찾기 등을 완성했을 때는 아낌없이 칭찬해 주어야 합니다. 이때 주의할 점은 여러 가지 장난감이나 과제를 한꺼번에 주지 말고 자녀가 스스로 할 수 있을 만큼의 분량만 주어야 한다는 것입니다.

유아기 아이들의 템포는 느린 것이 특징입니다. 미국의 경우 양로

원과 어린이집을 같이 지어서 할머니가 아이들을 돌보게 합니다. 아이들의 템포와 노인들의 템포가 비슷하기 때문에 그러한 제도를 적극 권장하고 있습니다.

보통 부모들은 어린 자녀의 느린 행동에 답답해 하는데, 부모 편에서 아이들의 템포에 맞추는 것이 필요합니다.

좋은나무성품학교 교사들의 경우에도 일부러 걸음도 느릿느릿 걷고 말도 느릿느릿하게 합니다. 원아들에게 시범을 보여 줄 때도 천천히 분명하게 보여 줍니다. 처음 유치원을 방문하는 어머니들은 이러한 교사들의 행동에 답답함을 느끼는데, 느린 행동들은 모두 원아들의 템포에 맞추고 집중력을 키워 주기 위한 교육적 배려입니다.

여기에서 부모들이 관심을 가지고 눈여겨보아야 할 점은 한 가지에만 집착하는 아이가 있을 수 있다는 점입니다. 비디오도 자기가 좋아하는 것만 보려 하고 오락이나 게임도 한 가지에만 빠지는 것입니다.

한 가지에만 집착하는 아이들은 대개 또래의 아이들보다 수준이 너무 높거나 혹은 너무 낮아서 또래들과 어울리는 데에 흥미를 갖지 못하고 혼자서 노는 경우가 많습니다. 그러나 너무 자신이 좋아하는 것만 하게 되면 나중에 친구들과 섞이지 못하고 외톨이로 남게 됩니다.

이런 아이를 위해서 부모는 아이의 관심을 넓혀 주기 위해 그 또래가 할 수 있는 경험을 골고루 갖게 해야 합니다. 또 친구들과 이야기하며 놀 수 있는 환경을 마련해 주는 것이 필요합니다. 친구들과의 공감대가 형성되기 시작하면, 얼마든지 사이좋게 어울릴 수 있습니다.

집중시간이 짧은 아이를 위한 지침서

첫째, 자녀가 특정한 시간 동안 한 가지 일에 집중하기를 바란다면 자녀의 연령에 맞는 집안일과 책임량을 완수하게 하세요.

자녀에게 집안일을 하는 것과 책임량을 완수하는 것을 수시로 상기시켜 주세요. 이를 위해 자녀가 산만할 수 있는 자극을 줄여 줍니다(예를 들면 TV를 끈다, 함께 놀 친구를 불러오지 않도록 한다 등). 자녀에게 될 수 있는 대로 단순하게 지시하세요. 끝마치는 데 15분 이상 걸리는 일은 지시하지 마세요. 집안일과 책임량을 세부적인 단위로 나누어서 시키세요.

해야 하는 일은 하나씩만 알려 주시고, 자녀가 충분히 이해했는지 확인하셔야 합니다. 자녀가 집안일과 책임량을 끝마치는 것을 상기하도록 시간기록계를 사용하도록 합니다. 집안일과 책임량을 성공적으로 끝마치는데 필요한 모든 물품을 자녀가 가지고 있는지를 확인합니다. 자녀가 제 시간에 집안일과 책임량을 끝마치기 위해 시간을 관리하는 방법을 가르쳐 주세요. 자녀가 집안일을 잘 해낼 때는 용돈, 특권 등 적절한 보상을 주어 격려해 주어야 합니다.

둘째, 책임량을 해낸 결과에 대한 도표를 자녀를 위해 계속 기록하세요.

자녀와 함께 그날 해낸 각 책임량 옆에 별을 답니다. 성공적으로 하지 못한 일 옆에는 체크 표시를 합니다. 자녀가 '보상' 메뉴에 있는 상과 별을 교환할 수 있도록 합니다. 상은 자녀가 갖고 싶은 것이라야 하고 각 상을 얻기 위해서는 특정한 숫자의 별이 모아져야 합니다. 일과표를 만들어 집안의 눈에 띄는 곳에 붙여둡니다. 일과표를 자주 보는 것이 자녀가 무엇을 해야 하는지, 그리고 언제 그것을 해야 하는지를 기억하는 데 도움이 됩니다. 자녀가 따르기 바라는 지시사항을 글로 써서 일람표로 만들어 주세요.

이것을 지도하는 부모의 태도에는 일관성이 있어야 합니다. 어떤 때는 잘못해도 용서해 주고 어떤 때는 야단치는 등 일관성이 없어서는 안 됩니다. 또 지시할 때 자녀가 지시에 주의를 기울이는지를 확인하세요. 부모가 말할 때 자녀가 부모를 똑바로 쳐다보게 하고, 이해도를 확인하기 위해 지시한 내용을 직접 반복하게 합니다.

자녀가 책임량을 다하도록 매일 지정된 시간을 정해 줍니다. 오늘 해야 하는 일에 대해 함께 이야기 하고 있다면, 나중으로 미루지 말고 지금 바로 하도록 지도하세요. (예: 오늘 수영장에 갈 계획이라면 수영 이야기가 나올 때 바로 수영복을 챙기게 하세요)

처음에는 자녀가 어려워 할 수 있습니다. 책임량을 완수하는 과정을 조금씩 도와주세요. 예를 들어 아이가 학교공부를 복습할 때 부모는 옆에서 책을 읽음으로써 집중력을 잃지 않도록 지도해 주세요. 서서히 성공을 보임에 따라 점차적으로 혼자서 책임지게 요구하세요. 자녀가 집중력을 잃거나 포기하기 전에 당신의 도움을 요청할 수 있도록 격려하세요.

셋째, 휴식이 필요할 때는 학습 시간 사이에 약간의 놀 시간을 주세요.

학습을 보다 재미있게 할 수 있도록 자녀와 함께 교육적인 게임을 하세요. (예를 들면 철자놀이, 수학놀이 등 자녀가 부모에게 무엇인가를 가르치게 하면 좋습니다). 아주 짧은 시간동안 자녀에게 어떤 일에 주의를 기울이게 하고, 잘하면 주의를 기울여야 할 시간을 점차적으로 늘리세요. 어른들에게는 흥미가 있지만 자녀에게는 재미가 없는 일에 자녀가 주의집중을 기울이게 강요하지 마세요. 자녀가 스트레스 혹은 좌절감을 경험하게 되는 상황은 될 수 있는 대로 피하게 하거나 수정해 주세요.

변화하는 아이들
– 좋은나무성품학교 사례

개나리가 만발하고 진달래가 하나둘 진홍빛으로 물들 때쯤 좋은나무성품학교 P어린이집에서 '성품 수업'에 대한 설명을 들었습니다. 처음에는 '성품'이 아이들에게 어렵지 않을까 걱정했는데, 아이들이 어른들보다 더 잘 배운다는 말을 믿고, 아이를 성품을 가르치는 어린이집에 보내게 되었지요.

처음에는 성품이라는 말이 무엇인지, 경청이 무엇인지, 배려가 무엇인지 모르던 아이들이 이제는 제법 뜻도 알고 행동으로 실천하려 합니다. 장난삼아 "대찬아 경청이란?" 하고 물으면 "눈은 상대방을 똑바로 보고, 귀는 열고, 입은 다물고, 손과 발은 가지런히 두고 또박또박 설명을 하는 것"이라고 말하는 것을 보면 뿌듯하기도 하고 너무 귀여워서 어찌나 웃음이 나오던지요.

반대로 제가 이야기를 성의 없이 들어 주면 대찬이가 엄마인 저에게 핀잔을 줍니다. "엄마, 경청은 그렇게 하는 것이 아니라고요~" 이렇게 말이지요.

_좋은나무성품학교 P어린이집 / ○대찬 원아의 어머니

8
반항하는 아이, 순종하는 아이로 키우는 성품훈계법Ⅱ

반항이란?

반항(defiance)이란 순종하지 않는 것 즉 불순종(noncompliance)하는 것이라고 말할 수 있습니다. 즉 어른이 지시하는 것을 적절한 시간 내에 행동으로 옮기지 않는 것입니다(여기서 적절한 시간이란 지시받은 후 15초 이내를 말합니다). 또한 어른의 요구사항들을 끝까지 다 이행하지 않는 것입니다. 일부 학자들은 이런 행동 범주를 주의력 혹은 과제에 대한 주의지속력 부족이라고 말합니다.

프리크(Frick, 1993)는 이런 유형의 어린이들의 행동들을 분석해 본 결과 반사회적 행위, 자기 파괴 행위, 타인에 대한 공격성, 불법 행위와 연관되어 있음을 밝히기도 했습니다. 많은 학자들이 아동기의 적대적 행동이 더욱 심각한 형태의 행실 장애, 반사회적 행위, 심지어는 범죄 행위로 진행될 수 있는 중요한 발달적 위험성을 가진다고 이야기하기도 합니다.(Lahey & Loeber, 1994; Lahey, Loeber, Quay, Frick, & Grimm, 1992; Loeber, 1988, 1990).

그러나 우리가 조심할 것은 모든 연령의 아이들의 반항하는 모습이 모두 다 심각하게 여겨야 할 것은 아니라는 것입니다.

유아기 아이들(0-6세)에게 있어 어느 정도의 불순종 혹은 반항 행동은 정상적인 과정으로 일어나기도 합니다.

이따금씩 그런 행동이 일어난다고 해서 심각한 병리적 현상이거나 비정상적이라고 생각해서는 안 됩니다.

특히 아이들은 2세를 전후해서 심각한 반항의 모습이 나타나기도 합니다. 이때의 아이들은 인생에 있어서 자아에 대한 인식이 새롭게 싹트는 시기입니다. 정신적, 신체적으로 많은 변화를 겪습니다. 걸을 수 없었던 아이들이 걷게 되고, 듣기만 하다가 드디어 입을 열어 자신의 욕구를 말할 수 있는 시기가 됩니다. 날마다 부모에게 의존해서 자기 욕구를 처리했던 아이가 엄마의 도움 없이도 자기 힘을 과시할 수 있게 됩니다. 이때 아이는 자아에 대해서 눈뜨게 되며 독립적인 모습을 보이기도 합니다.

이 시기의 이런 행동은 아이들에게 아주 중요한 과정입니다. 이러한 과정을 통하여 아이들은 자기에 대한 인식의 눈을 뜨게 되고 자아존중감을 형성해갑니다.

미국의 화이트(White) 박사는 이 시기의 자녀를 둔 부모에게 죽고 사는 문제가 아니면 아이가 하고 싶은 것을 해보게 하라고 이야기합니다. 많은 실수와 독창적인 저지래로 아이들은 창조적인 한 인격체로 성장하게 됩니다.

그러나 여기에서 주목할 것은 아이들이 어려서부터 부모가 갖고 있는 권위의 영역을 시험해 본다는 것입니다. 어디까지 누가 갖고 있는 힘의 영역인지 아이들은 계속적으로 터득해 간다는 사실입니다.

아이의 기를 살린다고 훈계하기를 두려워하는 부모들은 훗날 아이가 감당할 수 없는 폭군의 모습으로 가족과 이웃에게 괴로움을 주는 사람이 될 수 있다는 사실을 알아야 합니다.

자녀의 의지를 길러 주는 것과 기를 살리는 것은 별개의 문제입니다.

'기'와 '의지'의 차이

많은 부모들이 혼돈하여 어린 자녀들을 어떻게 대할지 갈등하다가 위험한 10대 자녀를 만들게 됩니다. '기'라는 것은 자아존중감(self-esteem)을 의미합니다. 이것은 '자기의 독특한 가치를 아는 것'이라고 말할 수 있습니다. 이 기는 아주 잘 깨어집니다. 아이를 무시할 때, 존중해 주지 않는 태도와 사랑이 없는 행동을 보여 줄 때, 조롱할 때 등등 상처를 받는 상황에서 기가 꺾입니다. 아이에게 친절하게 대해 주고 섬세한 인격체로 존중해 주면서 아이의 기를 살려 주는 것은 매우 중요한 일입니다.

개인적인 견해로는 유아기 때 가장 중요한 과업은 바로 '자아존중감'(self-esteem)을 높여 주는 것이라고 생각합니다.

유아기 시절 형성된 자아존중감은 평생 내가 어떤 사람인지에 대한 인식을 갖게 하는 큰 원동력이 되기 때문입니다.

기와 달리 의지는 마치 강철 같이 강합니다. 의지는 태어나면서부터 모든 인간이 가지고 태어납니다. 아이는 처음부터 자기 주위의 것들을 통제하려고 하며 시간이 갈수록 아이의 의지는 강해집니다.

유아기 때의 또 다른 과업은 아이의 의지를 훈련하는 것입니다. 어릴 때부터 어떤 것이 옳은 일인지 그른 일인지 분별하게 하여, 선한 쪽으로 나의 의지를 굴복시키는 훈련은 아주 중요한 일입니다. 부모의 말씀에 순종하게 하는 일과 하나님의 말씀에 굴복하는 훈련은 아주 어릴 때부터 가장 중요하게 다루어야 할 부모의 역할입니다.

아이들의 반항이 가장 심할 때가 바로 두 돌 때입니다. 두 돌 무렵

이 되면 아이들은 고집을 부리게 되고 작은 일에도 자기가 하고 싶은 대로 하겠다고 떼를 씁니다.

중요한 것은 이것을 아이의 반항으로 보아서는 안 된다는 점입니다. 이 시기는 최초의 사춘기라고 할 수 있습니다. 이때는 아이의 성격이 본질적으로 나빠서 엄마의 말을 거역하는 것이 아니라 아이가 자신의 힘을 과시하고 싶은 때라고 보면 됩니다. 부모가 제한을 하는 이유와 자신이 무엇을 잘못했는지를 모르기 때문에 이 단계에서는 자녀를 통제하려는 마음을 버리는 것이 필요합니다. 자녀가 고집을 부리면 해 보라고 놔두거나 귀엽게 봐 주는 것이 필요합니다.

이와는 달리 유아기의 아이들은 순종적입니다. 부모의 말도 잘 듣고 어른들이 하는 말을 그대로 믿습니다. 이 단계의 아이들은 자신이 무엇을 잘못했는지, 어떻게 행동해야 하는지를 들려주면 어렵지 않게 순응합니다.

또한 이 시기의 아이들은 타인으로부터 사랑 받고 싶어 하는 욕구가 큽니다. 본능적으로 부모가 자기를 사랑해 주는 것을 좋아하고 부모의 마음에 들기 위해 애를 씁니다. 그런데 계속적으로 반항하는 아이들이 있습니다. 이 아이들은 부모로부터 사랑을 받지 못해 마음의 병이 조금 있는 상태입니다. 아이들에게 성경의 원칙을 제시해 준 후에도 계속해서 거역할 때에는 다음과 같이 실천해보도록 합니다.

반항하는 아이를 변화시키는 성품훈계법

부모 된 우리는 자녀들의 의지가 마땅히 행할 길을 선택할 수 있도록 어릴 적부터 가르쳐야 합니다. 이것이 우리 자녀의 평생에 투자하는 삶입니다. 반항에 대한 성경의 가르침과 성품훈계법은 앞에 나와 있는 '제멋대로인 아이, 순종하는 아이로 키우는 성품훈계법Ⅰ'편을 참조하시기 바랍니다.

참고: 불순종 행동의 유형

행동장애로 의뢰된 아동들이 흔히 보이는 불순종 행동의 유형		
소리 지르기 우는 소리 하기 불평하기 반항하기 괴성지르기 짜증내기 물건 집어 던지기 말대꾸하기 욕하기	훔치기 거짓말하기 따지기 모욕주기/괴롭히기 놀리기 요구를 무시하기 도망가기 울기 맡은 일 끝마치지 않기	신체적인 저항 기물파손 다른 사람과의 신체적인 싸움 숙제 끝마치지 않기 다른 사람의 일 방해하기 행동 안 하기

반항하는 아이를 위한 10가지 지침

첫째, 부모로서 나의 태도는 합당하며 온유한지 돌이켜보세요.

다음은 좋은 부모에 대한 지침들입니다. 자신은 아래 열 가지 문항 중 몇 가지가 해당되는지 살펴보십시오.

① 참을성을 가지고 자녀가 묻는 질문에 정직하게 대답해 줍니다.
② 될 수 있는 대로 자녀가 어른으로부터 독립적이 되도록 격려합니다.
③ 자녀가 자기 능력에 대해 긍정적으로 생각하도록 격려합니다.
④ 내가 자녀의 일을 거의 다 해 주어 성공하게 하기보다는 자녀 스스로 해서 실패하는 것이 더 낫다고 생각합니다.
⑤ 자녀에게 자신이 잘해서가 아니라 자식으로서 사랑 받고 있다는 것을 알게 합니다.
⑥ 자녀에게 연령에 적합한 책임을 맡깁니다.
⑦ 스스로 계획을 세우고 결정하도록 도와줍니다.
⑧ 남의 아이들과 비교해서 나쁘게 말하지 않습니다.
⑨ 자녀가 흥미를 보이는 놀이 재료나 책을 마련해 줍니다.
⑩ 자녀의 개인적인 욕구를 신중하게 고려합니다.

둘째, 아이에게 사랑을 주고 올바른 길을 제시해 주었음에도 불구하고 아이가 반항할 경우에는 불공정하게 판단하거나 징벌한 적은 없었는지 돌이켜보세요.

만약 있었다면 그 문제 또는 행동에 대해서 언급하십시오. 공평은 어린아이들에게 매우 중요한 사항입니다. 또한 자녀를 사랑하는 마음은 있었으나 부모가 자녀를 사랑하고 있음을 알게 하는 기술이 미흡하지는 않았는지 생각해 보아야 합니다. 평소에 부모가 자녀를 사랑하기 때문에 자녀의 유익을 위하여 훈계한다는 것을 자주 알려 주어야 합니다.

셋째, 자녀에게 '타임아웃(생각할 수 있는 시간)'을 주세요.

만약 위의 두 가지 경우가 아닌 경우에도 계속적으로 자녀가 반항할 경우에는 격리시키는 것이 필요합니다. 자녀가 계속 거역하는 행동을 취할 경우에는 그 행위에 대한 결과를 감수하도록 해야 합니다. 가령 '타임아웃'으로 자녀의 특권을 회수하거나 일시적으로 다른 아이들로부터 거리를 두어야 합니다. 타임아웃에 관한 부모 지침서는 다음과 같습니다. 더 구체적인 내용은 '제5장 [1] 교정이란 무엇일까요?'를 참조하시기 바랍니다.

타임아웃에 관한 지침

첫째, 아이에게 첫 번째 명령을 할 때에는 언제나 단호하지만, 좋은 목소리로 하십시오.

고함을 지르지도 말고 그렇다고 너무 부탁조로 요구하지도 마십시오. 아이에게 사무적인 목소리로 간단하고 직접적으로 지시하십시오.

둘째, 아이에게 지시를 한 후에 5부터 1까지 소리 내어 세십시오.

그 다음부터는 속으로만 세십시오. 그래야 아이가 5초 이내에 움직여야 한다는 긴장감을 놓지 않습니다.

셋째, 만일 아이가 5초 이내에 순종하기 위해 움직이지 않는다면 아이의 눈을 똑바로 쳐다보면서 단호하게 말하십시오.

"내 말대로 안 하면 저 의자에 앉힐 거야"(손가락으로 의자를 지시하십시오).

넷째, 일단 경고를 하고 나서 다시 5부터 1까지 소리 내어 셉니다.

다섯째, 그래도 아이가 5초 내에 응하지 않는다면 아이의 팔이나 손목을 단단히 붙들고 말하십시오.

"너 엄마가 시킨 대로 안 했으니까 저 의자에 좀 앉아 있어야겠다!" 이렇게 큰 목소리로 단호하게 이야기하고 타임아웃 의자에 아이를 데리고 가십시오. 아이가 어떤 약속(변명)을 하더라도 상관하지 말고 즉시 의자로 데리고 가야 합니다.

이때 아이가 저항한다면 필요한 경우 약간의 신체적 힘을 사용해도 좋습니다. 이때 아이는 화장실에 가서는 안 되고 물을 마셔도 안 되고 부모에게 따져서도 안 됩니다. 무조건 아이는 즉시 타임아웃 의자에 앉혀져야 합니다.

여섯째, 아이를 의자에 앉혀 놓고 엄하게 말하십시오.

"내가 일어나라고 할 때까지 거기 앉아 있어!" 아이가 조용해질 때까지 아이 곁에 오지 않겠다고 이야기할 수 있지만 그런 말을 너무 자주 되풀이하지 마십시오. 한두 번이면 충분합니다.

일곱째, 타임아웃에 있는 동안에는 절대로 아이와 언쟁을 하지 마십시오.

또한 이 시간 동안 어느 누구도 아이에게 말을 걸어선 안 됩니다. 그리고 부모는 아까 하던 일을 마저 하기 위해 돌아가도 좋지만 대신에 아이가 의자에서 무엇을 하는지 지켜보기 위해 계속 눈을 떼지 말아야 합니다. 적당히 시간이 흘렀다고 판단되면 아이에게 가서 말로 설명하십시오. "이제 나와 약속한 대로 하겠니?" 아이가 욕설이나 주먹질과 같이 꼭 수정해야만 하는 행동을 했다면 다시는 그러지 않겠다고 약속해야 합니다.

여덟째, 이제 아이는 타임아웃을 받기 전에 하도록 지시 받았던 것을 하러 갑니다.

그 다음 부모는 중립적인 목소리로 "내 말대로 해 주어서 기쁘구나"라고 말해야 합니다.

아홉째, 아이가 이후에 적절한 행동을 하는지 지켜보고 그것에 대해 칭찬해 주십시오.

부모가 자신에게 화를 내는 것이 아니라 자신의 행동에 대해 화를 내고 있다는 사실을 깨닫게 해야 합니다.

아이가 허락 없이 의자를 떠날 경우

타임아웃을 처음 사용할 때 대부분의 아이들은 부모의 권위를 시험해 봅니다. 그들은 시간이 되기 전에 의자에서 탈출을 시도할 것입니다. 아이가 의자를 떠날 때 보통 다음과 같이 권유합니다.

첫째, 맨 처음 아이가 의자에서 일어났을 때 의자에 다시 앉히면서 화가 난 모습을 하고 큰소리로 말하십시오.

"이 의자에서 한 번만 더 일어나면 네 방에 들어가서 한 발짝도 못 나오게 될 줄 알아!"

둘째, 아이가 또 다시 의자를 떠날 때에는 아이를 방으로 들여보내고 침대에 앉게 하십시오.

이 절차를 사용하기 전에 반드시 아이의 방에 있는 모든 장난감들을 치워서 아이가 방안에 있는 동안 가지고 놀 수 있는 것이 거의 없거나 전혀 없도록 해야 합니다.

셋째, 아이의 방문은 열어 둔 채로 두어도 되지만 만일 아이가 방에서 나오려고 한다면 타임아웃을 보다 확실히 실시하기 위해 필요에 따라 방문을 닫아 두어야 합니다.

넷째, 지나치게 공격적인 행동을 하는 자녀의 경우 언어장벽이나 정신적인 질병이 있는지 살펴보도록 합니다.

부모가 아무리 이야기해도 알아듣지 못하는 경우에는 불순종의 문제가 아니라 정신적인 문제일 수 있습니다. 이때는 부모가 자녀의 반항과 거역하는 행동을 자세히 관찰한 다음에 전문의와 상담을 하는 것이 필요합니다.

자녀가 계속적으로 반항하는 데에는 분명한 원인이 있습니다. 자녀가 왜 그렇게 행동하는지 알기 위해서는 자녀의 며칠 동안의 행동을 계속해서 관찰하고 대화를 통해 원인을 찾아보고 필요하다면 전문의와 상담을 해야 합니다.

공격적인 행동을 하는 자녀의 경우 언어장벽이나 청각장애, 혹은 ADHD(과잉행동장애), ODD(적대적-반항적인 장애) 등 정신적인 장애가 있는지를 살펴보아야 합니다.

부모의 말은 자녀의 인격을

살리는 말이어야 합니다.

chapter 08

부모도 아이도
행복한 성품훈계법

1
효과적인 버릇 지도법

이번에는 자녀들의 버릇을 어떻게 형성하고 지도해야 할지 심화적으로 살펴보려 합니다.

버릇은 하루아침에 형성되는 것이 아닙니다. 오랜 세월에 걸쳐서 만들어지는 것이 버릇입니다. 버릇이 모아지면 습관이 되고 습관이 모아지면 인격이 됩니다. 그러므로 어떤 버릇을 가졌는가는 참으로 중요합니다. 왜냐하면 그 사람의 행동과 버릇을 보면 인격을 알 수 있기 때문입니다. 아이들에게 올바른 버릇을 지도해야 할 이유가 여기에 있습니다.

어떤 부모들은 자녀의 나쁜 버릇에 대해 내버려두면 저절로 고쳐진다고 생각하거나 어른이 되면 나아질 것이라고 생각합니다. 그러나 그대로 내버려두었다가 아예 고치지 못하는 버릇이 많습니다.

자녀의 버릇은 유아기에 바로 세우지 못하면 그 시기를 영원히 놓쳐버리게 됩니다.

자녀의 나쁜 버릇은 그냥 내버려두어서는 안 됩니다.

그러나 좋은 버릇은 며칠 만에 이루어지지 않습니다. 모든 유아들이 좋은 습관을 형성할 수 있는 것도 아닙니다. 교육기관에서 아무리 아이들에게 좋은 버릇을 지도해도 부모가 교육적 열정과 지혜가 없으면 좋은 버릇은 형성될 수 없습니다.

그렇다면 자녀의 올바른 습관 형성을 위해 가정에서는 어떻게 지도해야 할까요?

첫째, 가정의 규칙을 만드세요.

규칙은 자녀에게 안정감을 줍니다. 지금부터라도 아이들 능력에 맞는 '가정의 규칙'들을 만들어서 자녀에게 알려 주어야 합니다.

규칙의 유익

좋은나무성품학교 밀알유치원의 어느 가정은 모범적으로 가정의 규칙을 만들어서 유치원 선생님들과 학부모 사이에 화제가 된 적이 있습니다. 그 가정의 할아버지는 '반드시 존댓말과 존칭어를 쓸 것', '아무리 화가 나도 물건을 던지지 말 것' 등의 규칙을 정해서 아들과 며느리들 그리고 손자들에게 교육하였습니다.

손자 둘 다 좋은나무성품학교 밀알유치원을 다녔는데 동생이 형을 형이라고 부르지 않고 '형님'이라고 부를 정도로 언어 교육이 엄격했습니다. 또 엄마가 아니라 '어머니', 아빠가 아니라 '아버지'라고 호칭할 정도로 언어습관이 바르게 배어 있었습니다.

제가 아는 어느 가정은 온 가족이 식탁에 모여서 아침 7시부터 8시까지 책을 읽는 규칙을 정했습니다. 가족들이 바빠서 저녁시간은 함께 할 수가 없기 때문에 아침에 책도 읽고 식사도 하는 자리를 만들었던 것입니다. 처음에는 일찍 일어나는 것이 어려웠지만 몇 달 후에는 온 가족이 아침이면 모두 모여 책도 읽고 대화를 하면서 화기애애한 가족 간의 사랑을 나누는 귀중한 시간이 되었다고 합니다.

저희 집에도 규칙이 있습니다. 규칙이라기보다는 '가훈'이라는 쪽에 더 가깝지만 이 원칙에 의해 자녀를 양육하려고 노력합니다. 그것은 바로 '섬김'입니다. 이사를 가더라도 제일 먼저 챙기는 것이 있는데 그것은 다음과 같은 문구가 쓰인 액자입니다.

"한 번뿐인 인생 곧 지나가리라. 그리스도를 위한 일만이 영원하리라."

저희 집 아이들은 아침에 눈을 뜨자마자 그 액자의 문구를 보게 됩니다. 저는 우리 아이들이 그 문구를 보면서 하나님과 사람을 섬기는 삶을 무언의 교훈으로 받아들이기를 바라고 있습니다.

가정의 규칙을 정하기는 쉽지만 이를 꾸준히 실천하기는 어렵습니다. 특히 어린 자녀들이 규칙을 잘 지키는 것은 쉬운 일이 아닙니다. 그렇다고 자녀들이 규칙을 어겼을 때 그냥 넘어가서는 안 됩니다. 반드시 규칙을 지켜야 한다는 것을 알게 해야 합니다.

규칙은 행동반경을 정해 주는 것입니다.

이를 통해 자녀들은 소속감과 안정감을 느끼게 됩니다. 그러나 규칙을 어겼을 때는 그냥 넘어가지 말고 반드시 훈계로 다스려야 합니다.

운전할 때 도로 가운데에 중앙선이 있습니다. 중앙선은 양쪽 차선의 진행 방향과 이 선을 넘으면 위험하다는 것을 운전자들에게 알려줍니다. 만약 도로에 중앙선이 없고 내 마음대로 달릴 수 있다면 우리는 마음 놓고 운전할 수 없습니다. 그 하나의 선이 내가 가야 할 길에 대한 안정감을 줍니다. 규칙이 없는 가정은 중앙선이 없는 도로와 같습니다. 그 가정의 아이는 마음이 불안하고 산만합니다.

규칙 정하는 시기는 유아기에

한 조사에 의하면 일본의 소년원에 있는 청소년들의 80%가 부유한 가정의 아이들이라고 합니다. 그런데 그들이 범죄를 저지른 원인을 조사해 보니 부모의 지나친 사랑 즉 '익애'때문이었다고 합니다. 그들이 어렸을 때 부모는 아이들이 원하는 것이라면 무엇이든지 들어 주었습니다. 그러나 자녀들이 청소년기에 접어들면서 갑자기 부모들은 제재를 가하기 시작했습니다. 그러나 이 제재는 효과가 없었습니다. 유아기에는 마음대로 하게 내버려두고 사춘기 때 갑자기 훈계를 하자 효과가 나타나지 않았던 것입니다.

가정의 규칙이나 부모가 지시한 지침을 자녀가 어겼을 때 마땅히 훈계해야 합니다.

귀한 자녀일수록 훈계해야 합니다.

단순히 꾸중하고 때리는 것이 아니라 사랑이 담긴 훈계를 해야 합니다.

둘째, 부모는 자녀들의 신호를 읽어야 합니다.

자녀들의 말과 행동을 통해 부모는 그들의 속마음을 읽을 수 있어야 합니다. 그들은 부모에게 '사랑'과 '관심'을 보여 달라고 끊임없이 신호를 보냅니다. 긍정적인 행동으로 부모의 사랑과 관심을 받는 방법을 터득한 아이도 있지만, 때로는 부정적인 행동으로 사랑받고 싶은 마음을 표현하는 아이들도 있습니다. 이런 아이들은 끊임없이 말썽을 일으킴으로 부모의 사랑과 관심을 얻으려고 합니다. 이때 부모는 그들의 신호를 읽을 줄 알아야 합니다.

모든 자녀들은 부모의 사랑을 기다리고 있습니다. 저는 아들 셋을 키웁니다. 큰아들은 늘 저에게 이렇게 물었습니다.

"엄마는 이 세상에서 누가 제일 좋아요?"

"하나님!"

"하나님 말고 사람 중에서 누가 좋아요?"

"아버지!"

"그럼 아버지 말고 아이들 중에서 누가 제일 좋아요?"

"너!"

이 말이 끝나자마자 둘째 아들이 뛰어와서 물었습니다.

"엄마, 엄마는 우리 셋 중에서 누가 제일 좋아요?"

그러면 나는 똑같이 "너!"라고 대답합니다. 아이들이 잠자리에 들 때도 머리에 손을 얹고 "이 세상에서 제일 귀한 하종이를 위하여 기도합니다" 하고 기도를 한 다음에 또 다른 방에 가서는 "이 세상에서 가장 귀한 아이, 유종이를 위해 기도합니다"라고 기도를 합니다. 그래서 우리 집 아들들은 알고 있습니다. 엄마가 세 형제 모두에게 "엄마는 이 세상에서 네가 제일 좋아"라고 말하는 것을 말입니다.

제가 이렇게 말하는 것은 세 아들 모두를 사랑하기 때문이기도 하지만 아이들 각각의 마음속에 이 세상에서 가장 귀한 존재가 바로 '나'라는 올바른 가치관을 심어 주고 싶기 때문입니다. 또 그들이 엄마에게 묻는 신호를 알고 있기 때문입니다. 그들은 엄마로부터 '사랑하고 있다'는 메시지를 날마다 확인하고 싶은 것입니다. 부모와 자녀 사이의 사랑의 표현들은 좋은 애착관계와 바람직한 자아존중감을 형성합니다.

보르비라는 학자는 갓난아이가 태어나서 최초로 누구와 접촉했는지, 어떤 대우를 받았는지 조사하여 아이가 탄생하는 수 시간 내지 수일 사이에 부모와의 애착 관계가 형성된다고 주장했습니다.

또 프로이드는 오랜 기간 정신분열증 환자들을 상담한 결과 그들 중 대부분은 유아기에 문제가 있었거나 그 시기에 많은 상처를 받은 사람들이라는 것을 알게 되었습니다. 그들은 어린 시절에 의미 있는 타인들이 준 상처로 인해 성인이 되어서도 아파하며 살고 있었습니다. 유아기의 정신적인 상처와 사건들은 성장한 뒤에도 영향을 미칩니다. 그렇기 때문에 부모들은 자녀들에게 건강한 애정을 심어 주어야 합니다. 자녀가 힘들 때 가장 먼저 안길 수 있는 사람은 다름 아닌 부모여야 합니다.

무관심의 결과

제가 자녀교육 세미나를 위해 싱가포르에 있는 한국 교민 유치원을 방문했을 때였습니다. 유치원의 교사가 6세가량의 남자 아이를 데리고 왔습니다. 저는 그 아이를 천천히 살핀 다음 손을 내밀어 악수를 청했습니다. 그런데 아이는 손을 홱 뿌리치며 저만치 달아났습니다. 그리고는 주변에 있던 의자를 바닥에 함부로 밀어뜨리고 친구들을 놀리며 즐거워했습니다. 순간 저는 당황했습니다. 옆에 있던 교사가 자초지종을 설명했습니다.

그 아이의 부모는 결혼 초 자녀를 한 명만 낳기로 합의를 했는데 뜻하지 않게 둘째 아이를 임신하고 말았습니다. 가정 형편도 어려웠고 첫째를 낳은 지 얼마 되지 않은 때라서 부모는 '뱃속의 아이를 지우는 게 어떨까' 하고 오랫동안 고민했다고 합니다. 하지만 잉태된 생명을 어쩔 수 없어서 둘째를 낳았는데 그 아이가 바로 유치원의 말썽꾸러기 남자 아이였습니다.

원래 몸이 허약했던 아이의 엄마는 두 자녀를 한 살 터울로 낳은 후에 계속 아팠고, 아버지는 식구를 부양하기 위해 생활 전선에서 힘들게 일해야만 했습니다. 그러다 보니 아버지는 아이가 말도 알아듣기 전부터 늘 "이 놈아, 엄마 아빠가 이렇게 힘든 게 다 너 때문이야. 널 낳지 말았어야 하는 건데, 이게 무슨 사서 고생이란 말이냐"라는 말을 하루에도 몇 번씩 했다고 합니다. 이러한 말들은 고스란히 아이의 가슴속에 쌓여 "나는 아무도 사랑해 주지 않아. 나는 아무 쓸모가 없어"라는 생각이 각인되었습니다. 그리하여 아이는 주변 사람들의 사랑과 관심을 얻기 위해 친구들을 괴롭히고 말썽을 일으켰습니다.

자기라는 존재를 다른 사람들에게 보여 주고 확인시키기 위해 계속해서 문제 행동을 일으켰던 것입니다.

사랑을 갈구하는 행동에는 두 가지가 있습니다. 착한 일을 해서 부모나 선생님으로부터 칭찬을 받으려는 행동과 문제를 일으켜서 주변 사람들의 관심을 받고자 하는 행동입니다. 그 남자 아이는 문제행동을 일으켜서 다른 사람의 관심을 갈구하고 있었습니다. 저는 마음속으로 기도했습니다.

'하나님, 저는 곧 한국으로 돌아가야 하는데 잠깐 만나는 것으로 이 아이에게 무슨 도움을 줄 수 있습니까. 저에게 지혜를 주세요' 기도를 마친 후에 저는 아이를 강당 구석으로 데리고 가서 숨이 막힐 정도로 꼭 안아 주었습니다. 그리고는 다음과 같이 말했습니다.

"선생님은 너를 사랑한다. 그런데 너를 선생님보다 굉장히 사랑하는 분이 계시는데 누군지 아니? 바로 하나님이시란다. 하나님은 너를 너무 사랑해."

제 말이 끝나자 아이는 무언가를 느낀 듯 물끄러미 쳐다보다가 제 손을 뿌리치고 뛰어갔습니다.

저는 특별히 시간을 내어 그 아이의 어머니를 만나보았습니다. 어머니도 부모로서 그 아이를 감당할 수 없을 지경이라며 저에게 도움을 호소했습니다. 저는 가정에서 자녀가 말썽을 피우는 것은 그 아이가 사랑을 갈구하는 것이며 아이가 부모와 가족으로부터 사랑과 신뢰를 받고 있다는 것을 알려 주어야 한다고 말해 주었습니다. 그날 저녁 그 아이의 엄마는 저와 함께 하나님 앞으로 나아갔습니다. 엄마가 먼저 주님을 인생의 구주로 영접하였고 이제 주님이 오셔서 자신의 인생 속에서 또 좌절하고 있는 자녀와의 관계 속에서 새롭게 역사해 주시기를 간구했습니다. 저는 훗날 그 가정으로부터 행복한 소식을 전해들을 수 있었습니다.

부모들이 하루 중 자녀에게 제일 많이 사용하는 말은 무엇일까요? "얘야, 엄마는 너를 무척 사랑해"라며 아이들에게 사랑을 표현해 주는 말일까요? 아니면 "~했니?", "~해라" 등의 감독하고 지시하는 말일까요?

부모가 감독자와 감시자의 역할만을 하게 되면 자녀들은 사춘기가 되었을 때 마음의 문을 닫아 버리게 됩니다. 자녀가 어릴 때부터 부모와 자녀 사이에 애정을 형성하고 좋은 관계를 유지하는 것이 필요합니다. 부모가 먼저 자녀에게 사랑을 부어주어야 합니다. 그렇지 않으면 자녀는 자꾸 문제행동을 일으켜 관심을 자기에게 돌리려고 할 것입니다. 아이들은 부모로부터 사랑을 받기 위해 끊임없이 노력합니다.

부모들은 아이들의 신호와 욕구를 무시해서는 안 됩니다.

그러나 불행하게도 대부분의 부모는 이 신호를 놓치고 맙니다. 이때 아이들은 불안 내지 소외와 절망 속에서 괴로움을 겪게 됩니다.

사랑의 욕구 채워 주기

두 형제가 있는 어떤 가정에서 있었던 이야기입니다. 다섯 살인 형은 갓난아기인 동생이 태어나면서 엄마의 관심과 사랑이 동생에게만 쏠리는 것 같아 동생에게 질투심을 느꼈습니다. 그런데 엄마는 형이 엄마에게 관심을 받고 싶어서 어떤 행동을 일으키면 신경질적인 반응만 보였습니다.

동생에게 엄마의 사랑을 빼앗긴 것을 시기하던 형은 어느 날 엄마 몰래 갓난아기의 손목에 고무줄을 감아 놓았습니다. 탱탱하게 감겨진 고무줄 때문에 동생은 자지러지게 울었습니다. 둘째 아이가 울자 어머니는 놀라서 달려왔습니다. 그러나 특별히 이상한 곳을 발견할 수가 없었습니다. 그런데도 계속해서 아기가 울었습니다. 며칠이 지난 후에야 어머니는 아기의 손목에 노란 고무줄이 여러 겹 탱탱하게 감겨져 있는 것을 발견했습니다. 그리고는 첫째 아이가 한 행동인 줄 알고 매우 놀라고 당황하였습니다.

형제나 자매를 키우다 보면 아이들이 질투심을 느끼는 경우가 많이 있습니다. 동생이 생기면 첫째 아이의 경우 갑자기 어리광이 늘고, 대소변도 못 가리며, 말썽도 늘어나게 됩니다. 동생에게 엄마를 빼앗겼다는 생각이 들어 샘을 내는 것입니다. 이런 경우에는 어떻게 해결해야 할까요?

이제 갓 태어난 아기는 적시에 기저귀를 갈아 주고, 우유를 주고, 안아주고, 재워 주는 엄마가 곁에 있다는 것으로 만족하는 시기입니다. 오히려 정서적 갈등을 겪는 쪽은 큰아이입니다. 그렇기 때문에 둘째보다는 첫째 아이를 우선적으로 돌보아야 합니다. 큰아이에게 엄마가 자기를 사랑하고 있음을 늘 알려 주어야 합니다. "네가 동생을 위해 기저귀 좀 가져다줄래? 오빠가 있으니까 엄마가 이렇게 좋구나"라는 말을 자주 사용하면서 아이의 존재의 의미를 부각시키는 것이 필요합니다. 또한 부모님이 결코 동생만을 예뻐하지 않는다는 점을 자주 알려 주어야 합니다.

아기는 태어난 지 얼마 되지 않았기 때문에 아무것도 할 수 없어서 부모의 손길을 더 많이 필요로 한다는 것을 이해시켜 주어야 합니다. 자주 껴안아 주고 시간을 내어 놀아 주면 아이의 질투심은 줄어들게 됩니다.

엄마의 사랑이 확인되면 퇴행적인 행동은 점차 사라지고 남을 배려할 줄 아는 아이로 자라게 될 것입니다.

2
성서적 훈계의 10계명

다음은 지금까지 나열했던 훈계의 이론들 중 핵심적인 것들만 뽑아서 정리한 것입니다. 다음의 행동 지침을 읽고 실천에 옮기십시오.

첫째, 성경 구절들은 자녀를 체벌하기 위한 도구로 사용해서는 안 됩니다. 이것은 긍정적인 자녀양육을 통해 하나님의 기준을 보여 주기 위해서 만들어진 것입니다.

둘째, 부모가 성경 페이지 한 장을 따분하게 전부 읽어 내려갈 때까지 아이로 하여금 차렷 자세로 앉아 있게 하지 마십시오. 오직 상황에 맞게 성경 말씀을 사용하고, 또 아이들이 참여할 수 있는 가운데 사용하십시오. 자녀가 문제 행동을 일으키면 부모는 자녀에게 성경을 읽어 주도록 합니다. 이때 아이들이 알아듣기 쉽고 중요한 것만 뽑아서 읽어 주도록 합니다. 성경을 읽을 때는 벌주는 자세가 아니라, 사랑하는 마음과 포용하는 자세로 읽어야 합니다.

셋째, 아이가 단어의 뜻을 이해했는지 질문을 통해서 확인합니다. 성경을 읽어 준 다음 부모는 자녀에게 "이게 무슨 뜻인지 알겠니?"라고 물어 봅니다. 그런 다음 아이가 이해한 것을 입으로 말하게 하도록 합니다.

넷째, 훈계할 때는 아이를 존중하는 마음으로 해야 합니다. 아이를 거칠게 다루는 것은 어린이의 가치를 인정하는 태도가 아닙니다. 성경의 마태복음에 보면 어린아이가 예수님에게 오자 제자들이 이를 저지하였습니다. 그러나 예수님은 아이들을 반기셨습니다. 예수님이 아이들을 존중한 것처럼 우리도 아이들을 존중해 주어야 합니다.

다섯째, 훈계할 때는 그 아이가 한 행동과 인격을 분리시켜서 다르게 취급해야 합니다. 만약 아이가 거짓말을 하였다면 거짓말을 하는 것과 거짓말한 아이의 인격체를 동일시하지 말아야 합니다. 인격과 행동을 분리시켜서 말하는 것이 중요합니다. 혹 부모가 "너는 거짓말하는 나쁜 아이야"라고 말한다면 그 아이는 나쁜 아이가 됩니다. 이것은 그 아이의 인격 전체를 부정하는 것입니다. 대신 이렇게 말하십시오. "거짓말하는 것은 나쁜 것이란다", "거짓말을 하면 하나님은 기뻐하지 않으셔" 또 "너는 아이들을 때리는 나쁜 아이야"라고 말하지 말고 "너는 아이들을 때려서는 안 된단다"고 차분히 타일러야 합니다.

여섯째, 부모가 다음에는 그 행동이 어떻게 나타날 수 있는가를 시범으로 보여 주어야 합니다.

일곱째, 아이가 합당한 행동을 할 수 있도록 반복적인 연습을 시켜야 합니다. 반복적인 연습은 굉장히 중요합니다. 하나님이 우리에게 인내하셨듯이 부모도 인내해야 합니다. 엄마가 지시를 주었는데도 자녀가 제대로 행하지 않았다고 해서 화를 낼 필요는 없습니다. 계속적으로 지시를 주고 일깨워 주고 반복시키고 다시 경고하며 실행하도록 해야 합니다.

여덟째, 아이를 억지로 기도시키지 마십시오. 만약 필요하다면 아이가 기도할 수 있도록 격려하며 기도 말을 가르쳐 줄 수 있습니다. 아이들 중에는 유독 고집이 센 아이가 있습니다. 이 아이들에게 잘못했다고 말하라고 강요하게 되면 잘못을 쉽게 시인하지 않고 더 큰 고집을 피우게 됩니다. 잘못했다고 할 때까지 기다려 주는 것도 필요합니다. 이런 아이들은 자신의 잘못을 인정할 수 있도록 분명한 지침을 주고 일찍부터 순종하게 하는 것이 필요합니다.

아홉째, 아이가 창피함을 느끼지 않도록 하셔야 합니다. 말이나 행동을 통해서 아이를 창피하게 해서는 안 됩니다. 사람들이 많은 곳에서 공개적으로 아이의 잘못을 지적하는 것은 잘못된 일입니다. 아이의 자존감이 상하지 않도록 훈계해야 합니다.

열째, 훈계하는 것은 자녀를 사랑하기 때문에 하는 것임을 알게 하십시오. 훈계를 통하여 부모와 자녀간의 관계가 더욱 확고한 사랑의 관계가 된다는 것을 잊지 마십시오.

3
자녀와 좋은 관계를 맺는 방법

Building Bridges로 관계 회복하기

자녀의 변화는 부모나 교사의 말로 이루어지는 과정이 아닙니다. 자녀의 변화는 그들이 경험한 관계에 기초하여 나타납니다. 부모, 자녀가 우호적인 관계를 맺을수록 아이들이 좋은 성품으로 자라게 된다는 뜻입니다.

우리는 성품훈계와 더불어 '자녀와 좋은 관계를 맺는 방법'에 집중해야 합니다.

게다가 부모, 자녀 간의 관계가 돈독할수록, 우리 아이들은 다른 사람과도 좋은 관계를 맺으며 행복하고 성공하는 인생을 만들어 갈 수 있습니다. 인생의 성공이란, 하나님과 나와 어떤 관계를 맺고 있는지 또 얼마나 많은 인간관계에서 행복한 관계를 맺고 있는지에 달려 있기 때문입니다.

그러므로 여기서는 어떻게 하면 부모와 자녀 간의 관계를 회복할 수 있는지를 단계적으로 소개하겠습니다.

감사하기

감사하기는 모든 관계의 문을 여는 첫 단추입니다. "감사함으로 그의 문에 들어가며 찬송함으로 그의 궁정에 들어가서 그에게 감사하며 그의 이름을 송축할지어다"(시 100:4).

우리는 상대방에 대해서 감사하기 시작할 때 상대방과 참된 관계를 맺기 위한 첫 관문을 통과하게 되는 것입니다. 상대방을 비난하거나 연약함을 지적하기 전에 감사한 것들을 찾아서 표현하게 하십시오. 감사를 시작할 때 막혔던 담들이 허물어집니다.

"나는 네가 내 아들인 것이 얼마나 감사한지 몰라."

"저도요. 엄마, 아빠가 저의 부모님이신 것이 너무나 감사해요."

이런 감사 속에서 부모와 자녀의 진정한 관계가 시작됩니다.

용서 구하기

자신의 연약함을 숨기지 말고 솔직하게 인정하고 용서를 구하도록 하십시오. 죄를 숨길 때 교제가 막히고 관계가 깨어집니다. 자신의 잘못을 솔직하게 시인하고 자신의 연약함을 용서해 달라고 말할 때 관계가 살아나게 됩니다. 자존심 때문에 상대방에게 미안하면서도 표현하지 못하는 사람들이 많습니다. 어렸을 때부터 자신의 잘못을 인정하고 즉각적으로 잘못을 시인하는 습관을 기르도록 지도하십시오.

"미안해요", "제가 잘못했어요"라고 먼저 말할 수 있는 성숙한 사람은 관계를 풍성하게 만드는 능력을 소유하게 됩니다.

부모가 먼저 모범을 보이십시오. 지금 자녀에게 가서 이렇게 용서를 구해 보세요.

"엄마(아빠)도 부모가 처음이라 너를 어떻게 양육해야 할지 잘 몰랐어. 미안해, 용서해줘."

요청하기

좀 더 잘할 수 있도록 도움을 요청하는 방법을 가르칩니다. 또한 상대방이 이렇게 해 주었으면 좋겠다고 요청하는 것입니다. 우리가 어떨 때 관계가 어려워집니까? 상대방의 마음을 잘 모를 때 그리고 어떻게 해 주어야 할지 잘 모를 때입니다. 내가 상대방에게 어떻게 해야 좋을지 가르쳐 달라고 요청하고, 나는 상대방이 이렇게 해주기를 바라고 있다고 정확하게 요청하는 습관은 공연한 오해를 미연에 방지합니다.

내 마음 표현하기

관계를 풍성하게 맺어 나가는 능력은 바로 친밀한 마음을 나눌 수 있는 마음입니다. 감정을 표현 할 때 친밀한 마음을 갖게 됩니다.

"네가 이렇게 해주어서 내 마음이 정말 기뻐", "나는 이런 마음이 들어서 참 섭섭했어" 등 마음속에 숨겨진 솔직한 감정을 표현하는 습관을 기르는 것이 중요합니다.

"내가 내 자녀들이 진리 안에서 행한다 함을 듣는 것보다 더 기쁜 일이 없도다"(요삼 4절).

"나는 너희가 진리 안에서 행할 때 가장 기쁘단다"라고 마음을 표현하는 바울 선생님의 모본을 배웁시다.

"너희는 우리의 영광이요 기쁨이니라"(살전 2:20). 이런 표현은 사람을 세우고 자존감을 높여 주는 비결이 됩니다.

자녀에게 지금 바로 이렇게 표현해 줍시다.

"너는 나의 영광이고 나의 기쁨이란다. 사랑한다."

부모로부터 이런 마음의 표현을 받고 자란 아이는 언젠가 부모를 향해 "엄마, 아빠, 나는 이 세상에서 가장 행복한 사람이에요. 왜냐하면 이 세상에서 가장 좋은 부모님을 만났으니까요"라고 사랑을 표현하는 자녀가 될 것입니다.

4

잠깐만!
훈계하기 전에 질문해 보세요

훈계 자가 질문법

성품훈계를 실천하면서 우리는 우리 자신에게 끊임없이 질문해야 합니다. 우리가 왜 훈계하는지, 어떻게 훈계하고 있는지를 말이지요.

에베소서 6장 4절에는 "또 아비들아 너희 자녀를 노엽게 하지 말고 오직 주의 교훈과 훈계로 양육하라"고 말씀하고 계십니다.

자녀와의 관계를 깨뜨리는 잘못된 훈계를 삼가야 하는 것입니다.

그래서 우리는 아래의 세 가지 질문을 나에게 끊임없이 던져야 합니다.

첫째, 나의 교훈과 지시는 분명했는가?

결과만 보고 무조건 아이를 책망하지 말아야 합니다. 자녀들에게 강요하기 전에 먼저 한계를 명확하게 제시하십시오. 부모가 자녀에게 기대하는 바를 먼저 이야기하는 것이 중요합니다. 부모가 자녀를 벌하기 전에 그 자녀는 규칙들을 알고 있어야 합니다. 그래야 부모가 공정하다고 느끼게 됩니다. 매를 맞으면서 무엇을 잘못했는지 모른다면 이는 잘못된 훈육입니다. 부모가 규칙을 분명하게 제시해 준 일이 없다면 설사 아이가 그 일을 어겼다고 해도 벌을 주지 말아야 합니다.

둘째, 자녀들이 불순종하는 동기가 무엇인가?

자녀가 너무나 피곤해서 못했거나, 자녀에게 지나친 부담이 되었거나, 능력이 부족한 데서 기인된 것이라면 부모가 문제를 해결해 주는데 초점을 맞추고 자녀의 연약함을 용납해 주어야 합니다. 그러나 고의적인 불순종이라면 단호히 교정하고 책망해야 합니다.

셋째, 나의 책망은 자녀의 양심에 호소하고 있는가?

사람의 말에는 생명을 살리는 말도 있고 생명을 죽이는 말도 있습니다. 자녀를 책망할 때 무심코 내뱉은 말이 자녀의 생명을 죽이는 말이 될 수가 있습니다. "이 싹수가 없는 놈", "네가 그럴 줄 내가 미리 알았다 이 ××야", "나가 죽어버려!", "다리몽둥이를 분질러 놓을 테다" 등의 말은 자녀에게 독약과 같습니다. 이런 말을 듣고도 내 자녀가 건강하게 성장하리라 기대한다면 이는 마치 기적을 기대하는 것과 같을 것입니다. 이러한 말들은 어린 자녀들의 마음 한가운데 자리잡아 결국에는 쓴 뿌리를 만들고 부정적인 자기 이미지를 만들기 때문입니다. 부모는 자녀를 책망하기 전에 먼저 기도해야 합니다. 또 합당한 언어를 사용하여 자녀의 양심에 호소해야 합니다. 이 책망이 양심의 싹을 틔우고 아이를 성숙시킬 수 있는 기회가 되게 해달라고 기도해야 합니다.

하나님은 인간의 양심을 향하여 훈계하십니다. 하나님께서는 죄를 범한 아담을 향하여 "…네가 어디 있느냐"(창 3:9)라고 물으시고, 동생을 죽인 가인에게 "…네 아우 아벨이 어디 있느냐…"(창4: 9), "…네가 무엇을 하였느냐"(창 4: 10)라고 물으셨습니다.

부모된 우리도 자녀의 마음 깊숙한 곳에 있는 양심을 향하여 훈계하여 스스로 잘못을 말하게 하고 깨닫게 하는 방법을 선택하는 것이 지혜롭습니다.

5
1분 훈계법

다음은 아주 짧은 시간에 자녀를 어떻게 훈계하는지를 알려 주는 버릇 지도법입니다. 저도 30여 년 동안 성품교육을 해오면서 만난 부모님들과 함께 실천해 보면서 좋은 결과를 얻게 된 효율적인 방법입니다. 이 방법을 실천할 때 잊지 말아야 할 것은 1분 동안 훈계한다는 것입니다. 짧지만 이 속에서 부모와 자녀간의 효과적인 관계형성이 이루어질 것입니다.

첫째, 부모는 자신의 속상한 감정을 아이에게 그대로 드러내고 무엇 때문에 꾸중하는지 알려 주어야 합니다.

"철수야, 네가 동생을 때려 동생에게 고통을 주었기 때문에 엄마는 화를 내고 있는 거야. 그런 난폭한 행동은 엄마를 화나게 하고 동생을 화나게 하는 짓이야. 그것은 잘못된 행동이란다."

"승희야, 네가 남의 물건을 함부로 가져오는 것은 나쁜 행동이야. 엄마는 네가 남의 물건에 손을 댄 것 때문에 속상하단다."

어머니가 속상해서 눈물이 나면 자녀 앞에서 솔직하게 감정을 드러내어 우는 것도 괜찮습니다. 화가 나면 화를 표현해야 합니다. 자녀에게 우는 모습, 화내는 모습을 보이기 싫어 억지로 참는다면 어머니는 속병이 생기고 아이는 아이대로 엄마가 화가 났는지 안 났는지 몰라서 혼란스럽게 됩니다. 정말 화가 났으면 화를 표현해야 하고 눈물이 나면 눈물을 흘려도 됩니다. 다만 이성을 잃지 말아야 합니다.

둘째, 버릇을 지도할 때는 잔소리를 길게 하면 안 됩니다.

아이는 잔소리를 길게 하는 엄마의 말을 듣기 싫어합니다. 자녀에게 야단을 칠 때는 30초 안에서 하는 것이 효과적입니다.

셋째, 엄숙하게 말해야 합니다.

웃으면서 말하면 안 됩니다. 하던 일을 멈추고 아이를 똑바로 쳐다보면서 부모로서의 위엄을 갖추고 아이의 의지를 굴복시켜야 합니다. 자녀가 규칙을 어겼다고 생각하면 자녀에게 그것이 잘못된 행동임을 알려 주어야 합니다.

넷째, 30초가 지난 후에는 부드러운 자세로 바꾸어야 합니다.

계속 엄격하게 대하면 아이는 분리불안을 느낍니다. 그러므로 30초가 지난 후에는 "엄마는 이 세상에서 ○○를 가장 사랑해"라는 말을 들려주면서 아이를 가슴에 꼭 안아 주는 것이 좋습니다. 이때 중요한 것은 아이를 꼭 안아주는 것입니다. 이것을 통해 아이의 마음속에 있는 스트레스와 상처가 발산됩니다.

다섯째, 다른 사람이 없는 곳에서 훈계해야 합니다.

자녀의 친구들이나 동생이 있는 곳에서 훈계를 하면 자녀의 입장에서는 창피하기도 하고 자존심이 상하여 상처를 입을 수 있습니다.

여섯째, 가정의 규칙을 자녀에게 명확하게 말해 주어야 합니다.

"우리 집에서는 나쁜 말을 쓰지 않는다", "다른 사람을 때리지 않는다" 등의 각 가정의 규칙을 정확하게 언급해 주어야 합니다.

일곱째, 규칙을 잘 지켰을 때는 반드시 칭찬해 주어야 합니다.

"네가 동생과 잘 놀아서 엄마는 기뻐", "너 같은 아들을 두어서 엄마는 자랑스러워" 등의 말을 아이에게 전달해야 합니다. 대부분의 부모들은 아이의 문제행동에만 관심을 갖고 잘한 행동을 했을 때 못 본 척하는데, 잘한 행동을 칭찬하는 것만큼 좋은 훈계법은 없습니다.

chapter 09

이영숙 박사와 함께하는 자녀교육 상담 Q&A

1
좋은 성품으로 달라지는 아이와 부모

이 장에서는 앞에서 언급되지 않은 자녀의 문제행동에 대하여 부모들이 어떻게 대처해야 하는지를 알아보겠습니다. 제시된 접근법들은 실제 부모들과 상담했던 사례들을 간추리고, 그동안 써온 자녀교육 상담(www.goodtree.or.kr/www.missyusa.com)을 근거로 하여 정리한 것입니다.

원에 가기 싫어하는 아이는 어떻게 해야 할까요?

Q 만 2세부터 어린이집에 보냈는데요. 저번 달부터 종종 "엄마 어

린이집 가는 거 재미없어. 가기 싫어" 그러네요. 겨우 아이를 달래서 보냈더니 선생님으로부터 전화가 왔습니다. 아이가 종전과 너무 다르다고. 먹지도 않고 놀지도 않고 바지에 응아도 하고 이상하답니다. 아픈 것 같다고. 그런데 집에 데리고 오니 점심밥 한 그릇 뚝딱 먹고 아주 잘 놀더군요. 아프다고 하지도 않고요.

A 혹시 다른 원인이 있는지 시간을 내셔서 아이의 원 생활을 관찰해 보세요. 그리고 아이와 한번 진지하게 이야기해 보세요.

혹시 욕구 충족이 안 되는 다른 원인이 있는지 살펴보시는 것이 좋을 듯합니다. 지금 아드님에게 서로 좋아하는 친한 친구가 있으면 좋습니다. 교실에서 선생님이나 친구들과 함께 생활하는 것은 무척 즐겁고 기대되는 일이지만, 유아에겐 긴장되고 부담되는 일이기도 합니다. 아이가 원에서 긴장하게 되는 어떤 요인이 있는지 찾아서 아이와 함께 해결해 나가시는 것이 좋겠습니다.

또한 화장실에 가고 싶을 때, 엄마가 보고 싶거나 속상할 때 등 어려운 일이 있을 때는 언제든지 선생님께 자신의 생각을 말하며 도움을 요청할 수 있도록 가르쳐 주어야 합니다.

밥 먹기 싫어하는 아이는 어떻게 해야 할까요?

Q 지금 22개월 딸과 60일 된 아이의 엄마입니다. 큰아이 때문에 고민이 많습니다. 일단 밥을 너무 안 먹어서 쫓아다니면서 어르고 달래서 먹이고 있습니다. 그것도 아주 조금 밖에요. 식탁에선 절대로 안 먹고, 이것이 습관이 되어 고치기가 너무 힘듭니다. 그리고 조금만 혼내면 다 토하면서 웁니다.

A 유아들은 음식을 가려먹거나 장난치고 돌아다니면서 먹는 식습관이 있습니다. 유아가 밥을 먹기 싫어하거나 편식하는 것은 밥 먹기 전에 초콜릿, 아이스크림, 과자 등과 같은 당분이 많이 함유된 음식을 먹어 식욕이 감소된 것을 그 원인으로 꼽을 수 있습니다. 또한 부모가 자녀의 식사에 지나치게 과민한 반응을 보일 때 자녀는 이것을 무기로 자신의 다른 욕구를 충족시키려고 밥을 먹지 않는 경향도 보입니다.

유아가 밥을 먹지 않으려고 할 때는 식사 전에 반드시 유아에게 간식 주는 것을 피해야 합니다. 부모가 쫓아다니면서 유아에게 밥을 떠먹이거나 "이것 먹으면 ~해 줄게"라는 말을 하는 것은 바람직한 방법이 아닙니다. 오히려 한 끼 정도의 식사를 거르는 것은 건강을 크게 해치지 않으므로 유아가 먹기를 거부하면 억지로 먹이려고 하지 말고 그냥 내버려 두는 것도 괜찮습니다. 밥을 잘 먹지 않을 때는 위협이나 어르기나 보상물 등을 제공하지 말고 무시해 버리는 것이 효과적입니다. 그리고 가능하면 식사를 준비하는 과정에 유아를 참여시켜서 유아가 식사에 관심을 갖게 하는 것도 좋습니다. 예를 들면 부모는 음식의 재료를 섞는 것이나 수저 놓는 일 등에 자녀를 참여시킬 수 있습니다. 식탁은 영양 강좌나 잔소리 장소가 아니라 포근하고 즐거운 곳이 되게 해 주십시오.

식탁에 차려진 음식의 색깔이나 모양 그리고 음식을 담은 그릇에 신경을 많이 쓰는 것도 필요합니다. 잘 먹을 때만 "참 잘 먹었구나!"라고 말해 주어야 합니다. 음식을 골고루 잘 먹을 수 있도록 규칙을 정하는 것도 좋은 방법이 됩니다. 예를 들어 식탁에 있는 음식은 모두 조금씩 맛을 보도록 하고 맛을 본 수 만큼 스티커를 붙여 줍니다. 이때 한꺼번에 다 맛을 볼 수 없다는 것을 기억하고 차츰 수를 늘리는 방법을 사용하는 것이 좋습니다. 처음에는 좋아하는 음식으로 여러 종류를 주시고 차차 안 먹는 음식을 다양한 모양으로 만들어 주십시오.

지금 따님은 토하는 방법을 써서 엄마를 조종하고 있는 중입니다. 양육방법을 바꾸셔야 하겠습니다. 우선 규칙을 정하세요. 식사는 꼭 식탁에서 그리고 정해진 시간에 해야 한다고 가르치세요. 그 시간을 놓치면 절대로 주지 마세요. 아무리 고집을 부려도 엄마가 한번 안 된다고 한 것은 허락되지 않는다는 것을 알게 하셔야 합니다. 아이가 아무리 떼를 쓰고 울며 고집을 부려도 흥분하시면 안 됩니다. 차분하게 이성적으로 정확한 지시를 주어야 합니다. 지금 아이는 엄마와 힘겨

루기를 하고 있는 중인데 엄마가 너무 무방비로 대하고 있습니다.

그러면 참패합니다. 나중에 바로 잡을 수 없습니다. 엄마의 책임은 바르게 가르치고 양육하는 것입니다.

책 읽기를 싫어하는 아이는 어떻게 해야 할까요?

Q 2학년과 3학년인 두 딸을 두고 있는 엄마입니다. 동생은 학교에서도 우등생이고 책 읽는 것도 아주 좋아해서 3-4학년 수준의 책도 집중해서 잘 읽습니다. 문제는 3학년 언니인데 쉬운 책은 좀 읽으려고 하면서도 2-3학년 수준의 책을 길고 어렵다고 안 읽으려고 합니다.

A 사실 책을 많이 읽는 사람을 따라갈 수 없는 법이지요. 그만큼 책읽기는 중요한 과제입니다. 큰아이가 아직 책 읽는 습관이 형성되지 않은 것 같습니다. 이런 아이는 연령보다 낮은 책부터 읽게 하여 재미를 느끼게 하면서 독서량을 키워 가야 합니다. 처음부터 잘 안 되는 것에 실망하지 마시고 꾸준히 책 읽는 습관을 키워 주어야 합니다. 재미있는 책을 엄마와 같이 읽어 나가는 것도 좋습니다. 책 읽는 습관이 안 된 아이는 혼자서 읽으라고 하면 금방 다른 쪽으로 정신이 옮겨갑니다. 관심을 가져 주시면서 책 읽는 습관이 몸에 밸 때까지 꾸준

히 격려해 주셔야 합니다. 대부분의 유아들은 동적인 활동을 좋아하기 때문에 밖으로 나가 또래들과 어울려 놀기를 즐깁니다. 혼자 조용히 앉아 책보는 것에 관심이 적을 수 있습니다.

그러나 책은 어린이들에게 다양한 경험과 지식을 제공해 주고 어린이의 창의력과 상상력을 키워 줍니다. 또한 정서순화와 생활습관에 도움을 주므로 어릴 때부터 책을 가까이 하는 습관을 길러 주는 것이 중요합니다. 책 보는 습관을 가질 수 있도록 다음과 같은 사항들을 실천해 보시길 바랍니다.

- 부모나 주변 사람들이 어린이에게 책을 가까이하는 모범을 많이 보여줌으로서 자녀가 모방을 통해 자연스럽게 책 보는 습관을 형성하도록 지도합니다.
- 자녀와 함께 서점을 방문하여 어린이가 좋아하는 책을 사주면 어린이는 더욱 책에 관심을 갖고 책보기를 즐길 수 있습니다.
- 매일 부모가 자녀에게 재미있는 내용의 책을 읽어준 후에 주인공이나 책의 내용에 대해 부모와 자녀가 함께 이야기를 나누어, 어린이가 책에 관심을 갖도록 도와줄 수 있습니다.
- 자녀가 궁금해 하는 사물이나 용어를 설명해 줄 때 부모와 자녀가 함께 책을 통해 알아보는 것은 어린이의 책 보는 습관에 도움이 됩니다.

어른들에게 반말을 하는 아이는 어떻게 해야 할까요?

Q 존댓말을 쓰는 예의 바른 아이로 키우고 싶은데 생각보다 쉽지가 않네요. 곧잘 하다가도 반말을 합니다. 자기가 잘못했을 때는 존댓말 쓰다가도 다시 반말을 합니다. 지금 네 살 반인데 더 나이 들기 전에 존댓말을 몸에 자연스럽게 익혀야 할 텐데 좋은 방법이 있을까요?

A 반말을 사용하는 어린이는 반말이 엄마와의 사이를 더욱 친밀하게 만들어 준다고 느낍니다. 그래서 갑자기 존댓말을 하라고 하면 거리감과 이질감을 느껴 존댓말에 대한 거부감을 나타낼 수 있습니다. 그래서 존댓말을 처음 시작할 때는 어린이가 사랑을 듬뿍 받고 있다고 느끼도록 더욱 상냥하고 부드럽게 얘기하고 사랑 표현을 더욱 자주 해주어야 합니다. 어린이가 무언가를 요구할 때는 "~해 주세요"라고 말할 수 있도록 지도합니다.

만약 어린이가 존댓말을 쓰지 않고 자신이 원하는 것을 얻으려고 할 때는 아예 말을 듣지 못한 것처럼 행동하는 등 단호하게 대처하는 것이 처음에 길들이기에 좋습니다. 무엇보다 어린이에게 존댓말을 쓰는 환경을 만들어 주는 방법이 최고입니다. 생활 속에서 어린이들에게 존댓말을 배우게 하는 좋은 기회는 부모가 존댓말을 쓰는 모습을 직접 어린이들에게 보여주는 것입니다. 어린이가 있을 때는 의식적으로라도 부부 간에 존댓말을 쓰는 모습을 보여 주면 좋습니다. 또한 자녀에게 부탁하거나 훈계할 할 때 부모가 존댓말을 쓰게 되면 어린이는 자신이 하나의 인격체로 존중받고 있다고 느낍니다. 그래서 심부름을 시킬 때도 "이것 좀 갖다 줄래요?"라고 부탁하면 어린이는 금방이라도 "예" 하면서 심부름을 하게 됩니다. 꾸중을 할 때는 "그러면 안 되지요?"와 같은 어조로 단호하게 잘못을 꾸짖어야 합니다. 그러면 자신이 존중 받고 있다는 느낌 때문에 엄마가 꾸짖는다 할지라도 엄마와 자신의 관계를 헤아리게 되고, 자신의 감정을 통제하면서 잘못된 일의 본질에 대해서만 생각하게 됩니다.

아이들은 모방을 통해서 배웁니다. 가정에서 엄마, 아빠가 서로 존댓말을 사용하고 아이에게도 사용해 주세요. 아이에게는 "네가 존댓말을 사용하도록 엄마가 일부러 네게도 존댓말을 당분간 사용하는 거란다. 존댓말은 어른을 존경하는 마음을 언어로 표현하는 건데, 어때? 엄마가 네게 존댓말을 쓰니까 네 기분이 좋으니? 너도 어른들에게는 존댓말로 말해야 하는 거란다" 하고 반복해서 가르쳐 주세요. 또 좋은 습관이 되게 하려는 적절한 교정과 보상이 필요합니다.

하루를 평가해 보셔서 잘한 날은 상을 주고 약속한 횟수만큼 안 된 날은 벌을 받는 것인데 즉 아이가 좋아하지 않는 일을 시킨다든지 심부름을 지시하는 등 다양한 방법을 만들어 교정에 들어가시면 되겠습니다. 아이가 흥미를 가지고, 지속적으로 하려는 동기 유발이 되도록 아이가 좋아하는 다양한 보상으로 격려해 주세요.

계절에 맞지 않는 옷을 입겠다고 고집하는 아이는 어떻게 해야 할까요?

Q 저희 아이는 4세 반 남자인데 요즘 갑자기 '긴 팔 옷 전쟁'을 하느라 너무 스트레스 쌓입니다. 옷 입을 때마다 실랑이가 벌어집니다. 살살 꾀서 반팔을 입히기도 하는데 어떤 날엔 자다가 벌떡 일어나 긴 팔 내놓으라고 징징거립니다. 그렇지 않아도 땀이 많은 아이인데. 이 긴 여름을 어찌해야 할지 모르겠어요.

A 기후에 맞지 않는 옷을 입겠다고 고집부리고 장소와 경우에 맞지 않는 옷을 입겠다고 고집부리는 자녀를 볼 때 많이 속상하시죠? 특히 여자 아이들은 한겨울에도 드레스를 입고 가겠다고 말하기도 합니다. 또 한여름에는 부츠를 신고 가겠다고 떼를 쓰기도 하지요. 아무리 타일러도 막무가내일 때 가슴은 답답하셔도 어쩔 수 없습니다. 자녀와 싸우지 마시고 그냥 두세요. 조금 있으면 저절로 입으라고 해도 안 입게 됩니다. 날씨가 점점 더워지는데 얼마나 힘이 들겠습니까? 땀띠 날까 애처로워하지 마시고 고생 좀 하게 그냥 두세요.

그래야 아이들은 잘 배우게 된답니다. 이런 방법이 훈육 방법 중에 자연적 귀결이라고 하는데요, 스스로 터득할 수 있도록 경험시키는 방법이지요. 너무 가슴 아파하지 마시고 노련하고 세련되게 "네가 원하는 대로 해라" 하고 두세요. 그러면 스스로 그만둡니다.

매일 아침 유치원에 갈 때마다 무슨 옷을 입을 것인지, 어떤 머리를 할 것인지, 어떤 신발을 신을 것인지 투정을 부릴 때 너무 속상해 하지 마시기 바랍니다. 자녀 스스로 입을 옷을 고르며 선택하고 결정해 보는 일은 참으로 중요한 일입니다. 아이가 직접 자기 것을 선택하는 것은, 자신의 것과 자신의 일에 대한 책임감을 갖게 하고 자신에 대한 소중함과 자부심을 갖게 하는 일입니다. 그것은 바로 스스로 계획하고 선택하고 결정하며 책임감 있는 한 개인으로 성장하게 되는 원동력이 된다는 것을 잊지 말아 주시기 바랍니다.

특정한 물건에 집착하는 아이는 어떻게 해야 할까요?

Q 첫째는 4세이고 둘째는 2세인데 둘 다 같은 유치원에 다니고 있어요. 둘째가 지금 유치원에 다닌 지 두 달이 되어 가는데 유치원 다닌 다음부터 애가 잠바를 안 벗네요. 늘 잠바를 입고 다니고 잘 때도 입고 자고 심지어는 목욕할 때도 들고 들어가요. 자다가도 일어나서 잠바가 옆에 없으면 불안해하고요.

A 아이가 특정한 물건에 애착을 갖지 않도록 많이 사랑을 표현해 주시고 사랑의 경험을 넓혀 가게 도와주세요. 억지로 잠바를 못 입게

하는 것보다 자연스럽게 아이가 그 애착에서 벗어나도록 경험의 기회를 넓혀 주세요. 그러면 자연스럽게 그 옷에 대한 집착과 관심에서 벗어나게 될 것입니다. 지금 새로운 유치원 생활에 적응하는 과정에서 내심 불안한 마음을 그 옷에 의존하고 있는 듯합니다. 유치원 생활에 익숙해지면 그 문제가 해결될 것입니다.

우리 아이 성교육은 어떻게 해야 할까요?

Q 우리 아이는 5세 2개월 된 여자 아이입니다. 4세 후반부터 의자에 대고 다리를 흔들면서 땀을 뻘뻘 흘리면서 자위행위를 하기에 '저러다 말겠지' 하고 별 말 안했거든요. 그런데 요즘도 의자에 대고 하고 있기에 이제는 못하게 하려고 잔소리를 하기 시작했는데도 여전히 고쳐지질 않습니다.

A 유아기 아이들은 자신의 성기에 민감한 시기입니다. 자위행위를 통해서 자신의 성기를 통한 쾌감에 눈뜨기도 하지요. 성장하면서 그쪽에 대한 관심이 자연스럽게 사라지게 되지만, 고착이 되면 습관으로 이어질까봐 걱정이 됩니다. 관심을 다양하게 다른 곳으로 옮겨 갈 수 있도록 변화를 주는 것이 좋을 것 같습니다. 몸을 많이 움직일 수

있는 운동을 시키는 것이 좋습니다. 농구, 수영 등 좀 과격한 운동도 좋습니다.

그리고 자신의 몸이 소중함을 교육시켜 주세요. 함부로 만지거나 보여 주면 안 된다고 가르치고 그러다가 상처가 나면 내 몸이 아프게 된다고 알려 주시는 것이 좋겠습니다. 아이가 자위를 할 때 그냥 방관하시면 안 됩니다. 그렇다고 너무 정색을 하셔도 안 되고 웃으면서 편안하게 "네가 심심한가 보구나. 엄마와 … 하고 놀자. 그런데 너 그곳이 얼마나 소중한 곳인지 알지? 그곳은 네가 나중에 부모가 될 수 있도록 만들어 주는 아주 소중한 곳이야. 또 함부로 다루면 상처가 나고 병균이 들어가면 많이 아파" 유아기는 소중한 시기이므로 유아를 위한 성교육도 부모가 자연스럽게 가르쳐 주셔야 합니다.

유아 성교육 시 고려할 사항

첫째, 친구와 대화하듯이 풀어갑니다.

질문을 할 때도 "나라면 이럴 것 같은데, 넌 어쩌겠니?"라는 식으로 대화를 해 보세요. 잘 모르는 질문에는 "엄마도 잘 모르겠는걸. 알아봐서 얘기해 줄게" 하며 관심을 보이면 아이는 '엄마는 내가 궁금해 하면 무엇이든 다 들어 주고 다 풀어 주려고 하는구나'라는 생각에 신뢰를 갖게 됩니다.

둘째, 아이들의 질문에 정확한 명칭으로 정확히 대답해 줍니다.

유아는 부모의 대답을 들으며 은밀한 성이나 장난스런 성, 애매모호한 성 등 성에 대한 다양한 느낌을 받습니다. 아이가 질문을 할 때에는 정확한 단어를 사용하도록 합니다. 예를 들어 음경이나 음순, 고환, 질 등의 용어도 사용하다 보면 아이가 점차 익숙해질 수 있습니다.

아이의 첫 질문이 "엄마, 이게 뭐야?"라고 한다면 이와 같은 질문에 유방, 음경, 고환, 질, 음순, 자궁 등 정확한 명칭을 알려 줍니다. 아빠와 함께 목욕을 할 때 아이가 아빠의 음경을 보며 "이게 뭐야?"라고 묻는다면 "응, 이건 음경이야, 고추라고 해도 돼. 여기 고환에서 아기씨를 만드는데 아기씨가 음경을 막 걸어 다니지. 너무 많이 만지거나 더러운 손으로 만지면 이 길이 상해. 아주 귀중한 곳이란다" 등의 말로 간단하게 몸과 성기를 설명해 주는 것이 이해가 가장 빠릅니다. 말할 때 장난스럽거나 꺼려하며 말하지 말고 진지하고 기쁜 표정으로 이야기해 주어야 합니다. 이때 부모가 성기를 성관계를 하는 곳이라고 생각하면 자연스런 표정이 나올 수 없습니다. 아이에게 성교육을 하기 전에 부모가 성에 대한 개념이 바뀌어야 한다는 이유가 바로 이것 때문입니다. "너는 어디서 나온다고 생각하니?" 하고 아이의 생각을 먼저 물어 보는 것도 좋습니다. 만약 아이들이 당장 보여 달라고 하면 그때는 "이 곳은 소중하고 조심스러운 것이어서 몸속에 감춰져 있고, 단지 입구만 보이는데 함부로 보여 주는 게 아니야. 그림으로 보여 줄게" 하고 그림으로 설명해 줍니다. 아기를 만드는 과정은 성행위가 아닌 생명을 만드는 과정으로 설명해야 합니다.

셋째, 아이가 자위행위를 할 때

유아들의 자위행위를 어른들이 행위 하는 수준으로 보면 안 됩니다. 자위행위는 남자 아이나 여자 아이 모두 할 수 있는데, 아이가 생식기를 만지는 것은 재미도 느끼고 다른 일로 쌓인 불쾌감을 씻을 수 있는 일종의 놀이입니다. 이럴 때 다른 것에 관심을 갖도록 유도를 하는 것이 중요합니다. 절대로 억압하지 말고 얼마 정도 부모가 아이와 다양하게 놀아 주면서 아이의 관심을 외부세계로 돌려줍니다.

다만 "여자의 음순은 나중에 아기가 나올 소중한 곳이니까 자꾸 만지면 손에 묻은 병균이 들어갈 수 있으니 만지지 말고 잘 보호해 주자"라고 말해 주세요. 절대로 성기를 만지는 것이 나쁜 행동이라는 메시지를 주어서는 안 됩니다. 그런 메시지는 일시적으로 아이의 행동을 억제할지 몰라도 어떠한 형태로든 다시 문제를 불러일으키게 됩니다.

또 나름대로 성 개념이 자리 잡기 시작해 놀이와 장난을 통해 어른의 흉내를 내기도 합니다. 이때는 먼저 아이들 수준으로 내려가서 이해해 주어야 합니다. 크게 놀라거나 갑자기 야단을 칠 경우 죄의식을 갖고 더욱 은밀하게 할 수 있습니다. 무조건 하지 말라고 명령할 것이 아니라 왜 안 좋은지를 자세히 설명해 주는 것이 좋습니다. "속옷을 입는 부분은 보여 줘서도 안 되고 봐서도 안 돼. 왜냐하면 아기를 만드는 장치들이 많기 때문이지. 여자는 아기집인 자궁이 있고, 남자는 아기 씨앗을 관리하는 고환이 있거든. 그래서 속옷을 입는 곳은 보호를 해야 해"라고 애정 어린 마음으로 이야기하는 것이 좋습니다. 이렇게 부모가 성교육에 대한 관점을 미리 준비하여 문제가 발견되었을 당시 바로 알려 주는 것이 효과적입니다.

TV 보기를 지나치게 좋아하는 아이는 어떻게 해야 할까요?

Q 아이가 아침에 일어나자마자 TV를 보기 때문에 번번이 겨우 학교에 지각을 면하고 갑니다. 또 아침마다 찾는 것은 왜 이리 많은지 목걸이 등을 신발 신고 나가면서 찾는데 못 찾으면 저에게 "엄마가 잘못했어!"라고 버릇없이 말합니다. 자기 잘못이라는 생각을 못합니다. 게다가 고집도 세고 무엇보다 말버릇이 거칠어 참 고민이 되고 있습니다. 제가 5개월 때부터 아이를 베이비시터에 맡겼더니 아주 어려서부터 TV를 보면서 컸습니다. 방법이 없을까요?

A TV를 지나치게 많이 보게 되면 가족 간의 대화, 친구와 놀기, 책 읽기, 바깥놀이 등 아이가 누려야 할 다양한 활동과 관계들을 잃어버리게 됩니다. 전문가들의 견해에 따르면 TV시청은 하루 1-2시간을 넘으면 해롭다고 합니다. 그러므로 아이가 꼭 보아야 할 프로그램과 시청 시간대를 미리 정해 주는 것이 좋습니다.

무엇보다 중요한 것은 자녀가 좋아하는 만화영화나 유아 관련 프로그램일지라도 자녀만 보게 하는 것이 아니라 부모님도 함께 시청하는 것이 중요합니다. 또한 내용과 관련해서 대화까지 나눈다면 더없이 좋은 교육이 됩니다. TV를 본 느낌을 그려 보게 하는 것도 시청각 교육에 도움이 됩니다. 그리고 너무 많은 시간 동안 비디오를 보는 것은 해롭다는 것을 자녀에게 설명해 주십시오. 자녀에게만 비디오 시청하는 것을 제한하지 말고, 부모님부터 시청할 시간을 제한하는 모습을 자녀에게 보여 주어야 효과적입니다. 한 프로그램을 보고 나면 일단 비디오를 끄고 나서 쉬도록 합니다. 또한 비디오 시청 시간만큼 바깥에서 놀거나 운동을 하도록 배려해 주십시오.

좋은 TV 프로그램을 선택하여 보게 하는 것도 필요합니다. 우선 지금 아이의 생활이 안정이 되어 있지 않습니다. 이런 상태로 계속 가면 나중에 바로 잡기가 어렵습니다. 먼저 부모의 위치를 찾으셔야 하겠습니다. 부모는 아이의 심부름꾼이 아닙니다. 좀 더 단호하고 일관성 있는 부모의 태도가 필요합니다.

첫째, 아이의 취침 시간과 기상 시간을 정하시고 그 시간에 스스로 일어나도록 지도하세요. 알람시계를 사주셔서 잠자리에 들기 전에 자신이 맞추도록 하세요. 아이가 아직 조작 능력이 없으면 엄마와 함께 맞추도록 합니다.

둘째, 자기 전에 내일 입고 갈 옷과 준비물을 모두 찾아서 준비해 놓는 것을 규칙으로 정합니다.

셋째, 우리 집에서는 절대로 무례한 말은 사용할 수 없다고 알려주세요. 친절한 말을 가르쳐 주시고 다음부터 그런 말을 쓰면 어떤 벌을 내린다고 엄하게 약속하세요.

넷째, TV 시청 시간을 약속으로 정하세요.

허락된 프로와 시간 외에는 절대로 시청할 수 없다고 알려 주시고 약속을 안 지키면 TV를 없앤다고 약속하세요. 그리고 실제로 약속을 지키셔야 합니다.

다섯째, 아이와 친밀한 시간을 보내세요. 아이가 많이 탈진되어 있는 것 같습니다. 아이는 부모의 사랑과 관심을 무척 원하고 있습니다.

여섯째, 사랑의 관계가 지속되어야 훈육을 효과적으로 할 수 있답니다. 좀 더 아이와 밀착하는 시간을 즐기세요.

이 댁의 자녀는 성격이 강하고 고집이 센 아이이므로 더 섬세하고 감수성 있게 다루셔야 합니다. 나중에는 더욱 감당하기 어렵습니다. 아직 어릴 때 좋은 성품으로 자라나게 해야 합니다.

손톱을 물어뜯는 아이는 어떻게 해야 할까요?

Q 4세 남자 아이를 키우고 있습니다. 작년부터 손톱 물어뜯는 버릇이 생겼습니다. 손톱 물어뜯으면 내년에 유치원 못 간다고 얘기도 해보는데 효과는 그때뿐인 거 같네요. 대체로 정서적으로 불안한 요인이 있으면 손톱을 뜯는다고 들었는데, 제가 보기엔 성격도 밝고요. 15개월 차이 나는 동생이 있지만 그로 인한 스트레스를 많이 주지도 않았습니다.

A 손톱을 물어뜯는 경우는 예민한 아이에게 나타납니다. 가정에서 긴장하거나 불안해하는 일이 없는지 살펴보십시오. 가장 먼저 자녀의 마음을 안정되고 편안하게 해 주는 것이 중요합니다. 손톱을 물어뜯지 못하도록 봉숭아물이나 예쁜 매니큐어를 발라 주는 것도 좋은 방법이 됩니다. 아니면 두 손으로 할 수 있는 놀이를 엄마와 함께 해 보거나 다른 놀이를 하여 손톱 물어뜯기를 잊게 하는 것도 좋은 방법입니다.

4세라니까 행동수정 요법을 사용하세요. 하루에 몇 번 정도, 어느 시간에 그런 행동을 많이 하는지 보시고 스티커를 사용하면서 매일 매일 줄여 나가는 방법입니다. 아이에게 왜 손톱을 물어뜯는 버릇이 나쁜지 알려 주시고, 이제부터 엄마하고 고쳐 나가자고 동기유발을 시키세요.

손이 입에 갈 때마다 대신할 수 있는 것이 있는지도 찾아보시기 바랍니다. 유치원 선생님께도 부탁하셔서 동일한 방법으로 수정해 나가시는 겁니다. 매일 저녁, 온 식구가 모인 시간에 점점 좋아지는 아이의 행동을 칭찬해 주시고 격려해 주세요. 점점 줄어가는 스티커의 수를 세면서 간간이 보상으로 아이가 좋아하는 것을 상으로 주세요. 아이가 자신에게 온 식구가 관심을 갖고 사랑해 준다는 것을 알게 되면 행복하게 고쳐 나갈 수 있을 것입니다.

간혹 초등학생이 되어서도 손톱을 물어뜯는 아이가 있다는 얘기를 듣습니다. 이 아이들은 꼭 정서 불안이라고 할 수 없고 그냥 나쁜 버릇이 습관이 되었다고 생각하시면 될 것 같습니다. 이런 아이들은 컸으니 어머니가 어떻게 해 줄 것이 없을 것 같습니다. 자신이 괴로우면 고칠 것입니다. 아이가 자라면서 자신의 삶을 책임지게 되고 자신을 사랑하게 되면, 자기 몸에 나쁜 것은 스스로 변화시켜 나갈 것입니다. 옆에서 자꾸만 강조하시면 더 긴장해서 고치기 어렵게 되기 때문에 자신의 의지로 고쳐 나가도록 제안해 주세요.

대소변을 참는 아이는 어떻게 해야 할까요?

Q 3년 9개월 된 우리 딸이 변기를 두려워해요. 실수는 하지 않아

요. 평소 기저귀를 하지 않고 마려울 때만 기저귀에 볼일을 본답니다. 변기에 앉히면 2시간도 참으면서 앉아 있어요. 아마 하루 종일도 참을 겁니다. 그러다 참기 힘들거나 나오려는 순간엔 전쟁이 따로 없어요. 쉬가 밑으로 떨어지는 게 무섭대요. 허공에 흘려보내는 게 분명 두려운 것 같아요.

A 이 시기는 배변 훈련을 잘해야 아이가 원만하게 성장하게 됩니다. 프로이트에 의하면 이 시기는 배변하는 쾌감을 느끼면서 아이의 욕구가 채워지게 되는 시기라고 합니다. 즐거운 배변 훈련이 되도록 지혜를 사용하셔야 합니다.

아이가 변기를 즐거워할 수 있도록 예쁘고 흥미 있어 하는 것을 고르시고, 억지로 하지 마시고 스스로 앉아 있는 것을 즐겁게 느끼도록 강요하지도 마셔야 합니다. 변기에 볼일을 잘 보면 많이 칭찬하셔서 성취감을 높여 주세요. 아이에게 변기를 왜 사용하는지, 어떻게 사용하는지 말로 차근차근 설명해 주어 안심을 시켜서 불안해하는 마음을 없애 주시는 것이 중요합니다. 아이들은 항상 새로운 것에 대한 두려움이 있습니다. 배변 훈련을 잘해 주셔서 원만한 성격으로 그 다음의 과업을 잘 준비할 수 있도록 도와주세요.

평소에 소변을 잘 가리던 아이가 갑자기 소변을 보려 하지 않거나 참으려고 하는 경우가 있습니다. 이것은 대부분 유치원에 갓 들어간 시기에 자주 일어나는 현상입니다. 먼저 아이의 생식기 주변을 살펴보십시오. 혹시 부어 있거나 빨갛게 살 색깔이 바뀌어 있거나 팬티에 분비물이 묻어 있지는 않는지요? 이 경우에는 요도 혹은 생식기 주변에 염증이 생긴 것으로 볼 수 있습니다. 병원에 가서 소변 검사를 받고 적절한 치료를 받아야 합니다.

만약 신체적으로 아무 이상이 없음에도 불구하고 계속 소변보기를 거부하거나 참는다면 환경의 변화나 심리적인 요인에서 그 원인을 찾아볼 수 있습니다. 처음 접하는 유치원 생활과 선생님과 친구들, 부모의 불화나 동생의 출생, 낯선 곳으로의 이사 등이 원인이 되기도 합니다. 만약 이러한 이유 때문이라면 가족들이 따뜻하고 너그러운 마음으로 대해 주면 차차 나아지게 됩니다.

그 외에, 별 다른 이상이 없는데도 소변보기를 거부하거나 참는 경우에는 반항심 때문인지 의심해 볼 필요가 있습니다. 이럴 때 부모는 아이를 너무 혼내지 말고 하루에 한 번쯤은 대소변을 보아야 한다는 것을 설명해 주고 아이가 스스로 알아서 하도록 내버려 두어야 합니다.

공공장소에서 말썽을 피우는 아이는 어떻게 해야 할까요?

Q 아이 셋을 두고 있는 엄마입니다. 아이 셋이다 보니 일반 식당이나 공공장소에 가는 것을 많이 자제하고 있습니다. 그러나 주일에 교회는

가야 하기 때문에 데리고 나가는데요. 특히 식당에서 가만히 앉아서 밥을 먹지 않고 돌아다니며 또래 아이들과 장난을 치기 일쑤입니다.

Ⓐ 식당, 지하철, 버스 안에서 함부로 돌아다니고 떠드는 유아들은 주변의 눈살을 찌푸리게 합니다. 이때 부모들은 대개 자녀에게 공공장소에서의 예의를 가르치기보다는 자녀의 행동을 관용적으로 바라볼 뿐입니다. 그러나 공중도덕은 매우 중요합니다. 이러한 것은 가정에서부터 가르쳐야 하고, 아이가 어릴 때부터 자연스럽게 익혀야 합니다. '어린아이니까' 하는 관용적 태도를 버리시고 자녀에게 지켜야 할 예절에 대해 엄격히 가르쳐 주십시오.

이를 위해서 공공장소에 들어가기 전에 규칙을 정하십시오. 그런 다음 규칙에 따른 상과 벌을 정하십시오. 공공장소에서 아이들이 문제행동을 하는 것은 그들이 할 만한 놀이거리가 없기 때문이기도 합니다. 그러므로 아이가 시간을 보낼 수 있는 놀이거리나 할 일을 주는 것도 좋은 방법이 됩니다. 다음에는 아이가 공공장소에서 규칙을 어겼을 경우에 줄 수 있는 벌칙들의 예입니다.

백화점에서 다른 사람이 많이 지나다니지 않는 복도에 데려가 구석의 지루한 장소를 바라보고 있도록 아이를 세워 두십시오.

상점에서 아이를 상점에서 가장 후미진 곳에 두십시오.

교회에서 '유아실'로 아이를 데리고 가십시오. 또는 교회의 로비나 통로를 이용하는 것도 좋습니다.

식당에서 화장실이나 밖으로 데리고 나가 사람이 없는 한적한 곳에서 주의를 주십시오. 약속을 다시 한 번 상기시킨 후에 데리고 들어옵니다.

남의 집에서 방문한 사람들에게 아이를 의자에 앉혀 두거나 구석에 세워 놓아야 할 필요가 있음을 설명하고 양해를 구하십시오.

자동차 안에서 차에 타기 전에 아이와 함께 규칙을 재검토하고 줄 상을 정해 두십시오. 만약 벌을 세워야 한다면 안전한 정차 장소까지 차를 끌고 가서 차의 뒷좌석이나 차 밖으로 나와 옆에 매트를 깔고 그 위에서 아이를 타임아웃을 시킵니다.

타임아웃을 시킬 수 없을 때 아이를 건물 밖으로 데리고 나와서 그 건물 벽을 바라보고 서 있게 하십시오. 또는 볼펜이나 필기구를 갖고 가서 아이가 잘못된 행동을 했을 때 손등에 표시를 해두었다가 집에 돌아가서 표시의 개수에 따라 타임아웃의 벌을 주십시오.

장난감을 사달라고 조르는 아이, 어떻게 해야 할까요?

Q 4세와 3세 남자 아이들의 엄마입니다. 아이들이 로봇 장난감을

너무 좋아합니다. 로봇만 보면 사달라고 하는데 솔직히 사주고 싶은 마음이 있지만 사달라고 한다고 다 사주면 안 될 거 같아 안 사줍니다. 그래서 좋은 일 해서 스티커 다섯 개 모으면 사준다고 약속을 했습니다. 조건 없이 그냥 사주면 교육에 안 좋은 걸까요?

A 아이들이 사달라는 대로 다 사주는 것은 결코 좋은 방법이 아니지요. 지금 하고 계신 대로 스티커 요법을 쓰시면서 아이가 착한 일을 5번 하면 약속한 대로 사주시는 것도 좋은 방법입니다.

하지만 가끔은 아주 깜짝 선물로 조건 없는 선물을 사주시는 것도 좋습니다. 아이가 눈이 휘둥그레질 때 살짝 웃으면서 "이건 깜짝 선물이라고 하는 거야. 너희들이 너무 예뻐서 엄마가 그냥 사주는 사랑의 선물이야. 엄마는 이 세상에서 너희들이 가장 멋진 사람이라고 생각해" 하고 말입니다. 이런 사랑의 고백을 들으면서 조건 없는 선물을 받아 본 아이들은 자아존중감이 있는 넉넉한 사람으로 자라겠지요?

감정 조절을 잘 못하는 아이

Q 큰 딸 아이는 이제 만 4세, 작은 아들은 만 2세입니다. 작은 아이는 남자 아이여서 그런지 혼내거나 꾸짖으면 오히려 주변의 물건을 던지거나 바닥에 엎드리거나 울어 버립니다. 그리고 자기 분이 좀

풀리고 나서야 제 이야기를 듣고 "미안해"라고 사과를 합니다. 큰아이는 그런 행동도 없었고 제 이야기나 설명도 잘 듣는 편이어서 작은 아이를 어떻게 가르쳐야 할지 모르겠습니다.

A 둘째 아이에게 자신을 잘 조절하는 성품을 키워 주셔야 할 것 같습니다. 어려서부터 인내, 절제, 배려, 감사 등의 좋은 성품을 가르쳐야 합니다. 먼저 집안에서의 규칙을 세우세요. 두 아이 모두 앉혀 놓고 "우리 집안의 규칙은 이런 것이다"라고 두 부부가 정해 놓으신 규칙을 발표하세요. 특별히 화를 폭발한다든지, 다른 사람을 때린다든지, 물건을 던진다든지 등의 일은 절대로 안 되고, 이 약속을 안 지켰을 때는 이런 벌칙이 있다는 것도 미리 알려 주셔야 합니다. 그리고 그대로 훈련해 나가세요.

자신의 뜻대로 안 되면 화를 폭발하고 물건을 던지고 떼쓰는 행동을 용납하시면 나중에는 이 아이를 더 다룰 수 없게 됩니다. 학교에서도 문제가 되고, 사회성에 큰 어려움을 겪게 되지요. 아이가 다혈질적이고, 외향적 성향이 있기 때문에 지금부터 알아들을 수 있도록 잘 설명하시면서 많은 칭찬과 격려로 좋은 태도가 몸에 배게끔 도와주세요.

"NO"라고 말 못하는 아이는 어떻게 해야 할까요?

Q 32개월 된 딸아이가 있는데 참 순한 아이인 것 같아요. 한 달 전부터 6개월 나이가 많은 친구와 어린이집을 같이 다니게 됐어요. 이웃이고 해서 어린이집 끝나면 거의 매일 같이 놀았는데 처음부터 트러블이 있어요. 그 친구가 제 아이가 갖고 있는 것을 뺏는 것을 여러 번 봤는데 그때마다 제 아이는 울면서 저한테 와요. 놀 땐 또 잘 놀면서 그런 트러블이 생길 때마다 약자는 우리 아이입니다.

A 아이들이 자라면서 이런 종류의 갈등을 겪으면서 자신을 표현하는 법, 자신을 지키는 법들을 배워 나가게 됩니다. 아이에게 그 아이와 "놀아라, 놀지 마라" 등 엄마의 해답을 주는 것보다는 "네가 싫으면 '싫어, 하지 마'라고 말해도 돼. 꼭 그 아이에게 맞추어 주는 것이 사이좋게 노는 것은 아니야", "너는 너무나 소중하고 귀한 아이이기 때문에 다른 사람이 네게 함부로 하는 것을 너는 싫다고 말할 수 있단다" 등의 이야기로 아이가 스스로 생각하고 행동을 선택할 수 있도록 말해 주는 것이 좋습니다. 많은 갈등을 스스로 겪으면서 아이가 자율적이고 능동적인 사회성을 발휘하도록 한 걸음 떨어져서 지도해 주세요.

분리불안이 있는 아이는 어떻게 해야 할까요?

Q 이제 다섯 살이 된 큰아이가 집에서는 성격도 활발하고 성품도 좋은 아이인데, 낯선 상황에서 새로운 것을 하려고 하면 관찰시간이 걸리고 엄마와 떨어지는 걸 아직도 두려워합니다. 둘째를 임신하면서 몸이 너무 힘들어 큰아이를 2살부터 어린이집을 보냈는데 너무 일찍부터 어린이집을 보내 분리불안이 생겨 이리 오래가는지요?

A 타고난 성격이 내향적이고 수줍음이 많은 성격인 것 같네요. 이런 아이는 새로운 환경이나 새로운 사람들과 만나 적응하는 것이 많이 부담이 가는 성격입니다. 자연스럽게 극복할 수 있도록 자신감을 심어주시고 많이 격려해 주세요. 다양한 사회활동을 경험시킨다든지, 새로운 기회들을 제공해 주면 아이가 자라면서 차츰 나아질 것입니다.

빨리 사과하는 아이는 어떻게 해야 할까요?

Q 제 아들은 이제 3세 반이 되어 갑니다. 우리 아들은 무엇인가 잘못을 하거나 엄마가 조금 무섭게 얘기하면 아주 즉각적으로 “엄마,

잘못했어요", "미안해" 이렇게 말합니다. 그래서 혼나는 시간이 아주 짧아요. 얼른 아주 진지하게 사과를 하거든요. 그런데 문제는 조금 큰 잘못을 해 제가 화가 많이 나 있는데도 이 아이는 제 입에서 바로 "괜찮아"를 들으려고 합니다. 제 사과를 받자마자, 또 똑같은 잘못을 반복하고요. 아이에게 사과의 의미가 너무 가벼운 것 같습니다.

A 아이는 배운 대로 하고 있는 것이지요. 잘못했으면 "죄송합니다"라고 해야 하고 그러면 그 다음은 "괜찮아"해야 한다는 것을 알고 있는 것이지요. 그렇게 배웠기 때문에 엄마가 "괜찮아"라고 하지 않으면 왜 하지 않느냐고 하는 것이고요. 하나 더 가르쳐 주세요. 말로 "죄송하다"고 말하기 전에 더 많이 생각해야 한다는 것을요. 이때 '인내의 STAR 법칙'을 가르쳐 주세요.

Stop 먼저 멈추고, Think 잠시 생각해서 내가 무엇을 잘못했는지, 다음에는 어떻게 해야 더 좋은 행동인지를 생각하게 합니다. Act Right 그 다음에 올바른 행동을 해야 한다고 말입니다.

그러면 Star가 됩니다. 반짝반짝 예쁜 별이 모이면 아름다운 밤하늘이 되듯이 사람은 어둠 속에서도 빛을 내는 사람이 되어야 한다고 이야기해 주세요. 그래서 "미안해"도 잘 말해야 하고 한 번 잘못한 것은 다시는 하지 말아야 한다고요.

아이에게 자꾸
신경질을 내게 됩니다

Q 4세인 아이가 천성은 밝고 낙천적인데 고집이 세서 한 번 울면 워낙 시끄럽게 악을 쓰면서 길게 웁니다. 저는 울음을 당장 멈추게 하려고 신경질적인 반응을 보이며 그만하라고 종용하는 편이고요. 그런 신경질적인 반응의 시초는 출산 우울증이었어요. 아이가 태어나면서 직장을 그만두었고 결혼과 출산의 모든 것이 증오의 대상이었습니다.

A 출산 우울증으로 초기의 자녀양육에 많은 어려움이 있으셨네요. 그래도 아이의 천성이 밝고 낙천적이라서 큰 문제없이 자라게 되는 것이 다행입니다. 지금 아이하고의 어려움은 출산 초기의 심리적 어려움이 반영되는 듯합니다. 보통 0-3세 시기에 경험된 잘못된 양육의 문제가 커서도 애착장애나 소아 우울증 그리고 언어장애로 이어지기도 합니다. 하지만 지나간 시간에 연연해하면서 지나친 보상심리를 아이에게 보이실 필요는 없습니다. 아이의 문제가 더 커지게 됩니다.

이제 지금의 자녀에게 집중하셔서 많은 사랑으로 회복하시면 됩니다. 스킨십을 많이 해 주면 아이의 마음속에 엉겨진 아픔이 있더라도 어머니의 진심 어린 사랑으로 치유가 될 것입니다. 많이 놀아주시고 사랑한다고 많이 말해 주세요. 울며 고집을 피울 때는 관심을 주지 마시고 예쁜 태도로 말할 때는 관심을 갖고 사랑을 표현해 주세요.

신경질적인 양육을 받게 되면 아이도 신경질적인 반응으로 대응하게 됩니다. 아이의 인격을 존중해 주고, 무조건적인 수용을 경험하는 '사랑의 양육'을 받게 되면 아이도 다른 사람을 존중하고 사랑을 전할 줄 아는 아이로 성장하게 됩니다.

엄마만 찾는 아이를 아빠에게도 갈 수 있게 하려면 어떻게 해야 할까요?

Q 저희 아기는 지금 21개월인데 제가 집에 있으면서 아기만 봐서 그런지 저 외의 사람에겐 잘 안 가려고 하네요. 현재 조금 나아지긴 했지만 심지어 아빠한테도 잘 안가고 다른 친구들에게도 자기가 하고 싶은 일에 방해가 되거나 심사가 뒤틀리면, 손을 내저으면서 같이 놀기를 싫어해요. 아빠와의 관계 개선을 어떻게 해야 할까요?

A 엄마하고만 깊은 유대감을 갖고 있는 아이에게 흔히 볼 수 있는 일입니다. 또래 아이들과의 접촉 기회를 계속 만들어 주시면서 놀이 경험을 늘려 주시는 것이 좋습니다. 아빠와의 관계 개선을 위해서는 아빠가 더 시간을 내서 아이와 함께 놀아 주고 돌보아 주는 것이 필요합니다.

어렸을 때 아빠와의 공감 경험이 많을수록 자녀는 더욱 공감인지 능력이 높은 아이로 자라게 됩니다. 아이의 베드타임을 아빠가 책임진다든지 등등 다양한 노력으로 아빠와 아이가 함께할 수 있는 일을 만들어 가세요.

말괄량이 여자 아이는 어떻게 해야 할까요?

Q 3세가 된 딸아이가 있습니다. 집에서 음악만 나오면 찬양해야 한다고 춤을 추는데, 문제는 유아부 예배시간에 찬양을 부를 때 자기가 너무 좋으면 자리에 일어나서 춤을 춘다는 것입니다. 춤도 이상한 몸동작으로 춥니다. 저는 어른 예배에 참석하느라 보지 못하는데 나중에 선생님들이 웃으면서 얘기는 하지만 그럴 때마다 제 얼굴이 붉어집니다.

A 밝고 활기찬 아이의 모습이 바로 상처 없는 본연의 아이 모습입니다. 춤추고 밝게 이야기하고 사람들 앞에서 주눅 들지 않는 그 아이의 모습이 얼마나 귀하고 예쁩니까? 잠 못 드실 일이 아닌 것 같습니다. 아이가 너무 수줍고 자신감이 없어 걱정하는 부모들도 많습니다.

부모님들의 마음은 늘 자녀를 향하여 걱정하는 마음이 앞서기에 아주 귀중한 것들을 놓치고 마는 경향이 있는 것 같습니다. 그냥 아이 모습 그 자체를 기뻐하고 인정하고 즐거워하는 모습 말입니다. 자녀는 부모의 것이 아니기에 부모가 원하는 대로 만들어지는 것이 아닙니다. 아이가 자라면서 받는 교육과 스스로 터득하는 사회생활을 통해 자신의 모습을 균형 잡아 나갈 것입니다.

너무 걱정하지 마세요. 여자 아이 중에 남자 아이들에게 심한 장난을 치는 아이들이 있습니다. 치마도 잘 입으려고 하지 않고 골목대장 노릇까지 합니다. 이런 아이들에게는 여자 아이라고 해서 집에서 너무 정숙하게 자랄 것을 강요하거나 집에만 있으라고 하지 말고, 말 타기나 물총 쏘기 등 공격성 있는 놀이들을 골라 실컷 놀게 해 주는 것이 좋습니다. 에너지가 다른 곳으로 발산되면 오히려 안정을 찾을 수 있습니다.

이 시기의 아이들은 자아가 발달합니다. 그래서 다른 사람들에게 관심의 대상이 되고 싶은 심리가 있습니다. 그러므로 이때 부모님이 사랑을 많이 표현해 주는 것도 좋은 방법입니다. 내성적인 아이든, 외향적인 아이든지 중요한 부모의 태도는 그 모습 그대로 내 자녀를 즐거워하는 모습입니다.

잠자는 것에 거부반응이 있는 아이는 어떻게 해야 할까요?

Q 저희 아이의 특징은 너무너무 피곤해도 잠을 자자고 하면 무조건 심한 거부반응을 일으킨다는 거예요. 요즘은 "코~ 자자" 하면 그냥 처음부터 울어버릴 때도 있습니다. "잠자는 건 좋은 거야. 잘 자야 건강하게 다시 놀 수 있는 거야. 힘들면 자야 해. 지금 네가 너무 힘들어서 짜증이 나는 거야. 그러니까 자고 나면 다시 기분이 좋아져" 등. 정말 제가 할 수 있는 말은 다했어요.

A 아이의 베드타임을 즐겁고 의미 있는 시간이 되도록 계획해 보세요. 잠자는 축복에 대해서도 많이 이야기해 주세요. 혹시 아이가 잠자는 사이 엄마가 어디로 가서 분리불안을 느낀 적이 있나요? 있다면 이런 말로 안심시켜 주세요. "네가 잠들어도 엄마는 엄마 방에서 이런 이런 일을 하면서 네가 잠 잘 자고 일어날 때까지 기다리고 있을 거야."

혹은 엄마도 잠 잘 자고 일어나 너와 놀아 줄 힘을 갖게 될 것이라고 말씀해 주시면서 안심시켜 주세요. 잠자리에 드는 시간을 좋아할 수 있도록 작고 예쁜 스탠드를 놓아 준다든지, 잠잘 때 안고 자는 인형을 새로 사준다든지, 책을 읽어 준다든지. 그밖에도 잠자는 시간이 기다려 질 수 있도록 다양한 방법들을 계획해 보시는 것도 좋은 방법입니다.

참고문헌

- 바브라 닛자 지음, 「유아를 위한 성서적 교육과정」, 하와이 코나 열방대학.
- 베티 체이스 지음, 주순희 옮김, 「인격적인 사랑 효과적인 훈육」, 두란노, 1992.
- 듀안 쿠드버슨 지음, 「작은 목소리로 키우라」, 두란노, 1992.
- 제임스 돕슨 지음, 「자녀 훈계와 사랑」, 생명의말씀사, 1979.
- 게리·앤 메리 에조 지음, 「하나님의 방법으로 자녀를 양육하라」, 파이디온선교회, 1993.
- 김명희 지음, 「모두가 다른 자녀 모두가 다른 부모」, 생명의말씀사, 2000.
- 루스 보든 지음, 「아이의 마음을 움직이는 말 16가지」, 웅진출판, 1992.
- 루스 보든 지음, 「잔소리하지 않고 좋은 버릇 들이는 방법」, 웅진출판, 1992.
- 루스실로 지음, 「유태인의 자녀를 낳고 기르는 53가지 지혜」, 삼진기획, 1996.
- 스티브 비덜프 지음, 「아이에게 행복을 주는 비결」, 북하우스, 1999.
- 토마스 고든 지음, 「부모 역할도 프로라야 한다」, 문학사상사, 1996.
- 안동현 외 지음, 「말 안 듣는 아이」, 하나의학사, 1997.

- Stephen B. McCarney & Angela Marie Bauer 공저, 박형배 옮김, 「주의가 산만한 자녀를 위한 부모용 지침서」, 하나의학사, 1997.
- 베블리 라헤이 지음, 양은순 옮김, 「기질과 자녀교육」, 생명의말씀사, 1992.
- Lynn Clark 지음, 「SOS Help For Parents」, Parents Press, 1995.
- 김숙경 지음, 「우리 아이가 미운 짓을 시작했다」, 한울림, 2000.
- 김주희 지음, 「아이에게 상처를 주는 101가지 말과 행동」, 한울림, 1998.
- 이선영 지음, "제4차 산업혁명 시대의 교육심리학", 한국교육학연구, 2017.
- 이정숙 지음, 「리더로 키우려면 말부터 가르쳐라」, 가야넷, 1999.
- 안동현·김세신 지음, 「말 안 듣는 아이, 임상가를 위한 평가 및 부모훈련 교재」, 하나출판사, 1999.

〈논문〉

- 정혜원 지음, "가정 내의 아동학대, 훈육 태도와 아동 성격관의 관계", 연세대교육대학원 석사학위논문, 1993.
- 이재신 지음, "교회아동 교육에 있어서 훈육의 중요성", 아세아연합신학대학원 석사학위 논문.
- 권영기 지음, "부모의 애정, 훈육, 이해가 청소년 교육에 미치는 영향", 건국대 대학원 석사 학위 논문, 1997.
- 이숙미 지음, "크리스천 가정에서의 자녀교육", 침례신학대신학대학원 석사학위논문, 1987.
- 정신복 지음, "기독교 가정과 비신앙 가정의 자녀교육관 비교 연구", 명지대사회교육대학원 석사학위논문, 1998.

- 고석형 지음, "기독교 가정의 아동기 자녀교육에 대한 연구", 장로회신학대학원, 석사학위논문, 2000.
- 황규홍 지음, "아동의 성격, 부모의 훈육 방식과 아동의 친사회적 행동과의 관계", 연세대교육 대학원 석사학위논문, 1994.
- 박세은 지음, "아동의 정서적 부적응행동과 부모의 훈육과의 관계 연구", 서울여대 대학원 석사학위 논문, 1994.
- 정은경 지음, "어머니 훈육 방식과 유아의 도덕 판단력과의 관계", 원광대교육대학원 석사학위논문, 1997.
- Report of World Economy Forum, "The Future of Jobs", Jan, 2016.